KB066223

$$K = \Sigma (C+S)LPQ$$

신나는 경영

: 김영태 지음 :

어문학사

많은 사람이 사업을 하고 싶어 한다. 특히 20대 전후의 청년들이 열을 올린다. 학업을 마치면서 취직을 할지 사업을 시작할지 고민하는 사람이 많다.

작년에 정보통신산업진흥원에서 대학 졸업반과 대학원생 30여 명에게 사업전개에 대해 강의를 해달라고 부탁해 왔다. 학생들이 이해하기 쉽도록 가능한 한 전문용어를 빼고 파워포인트로 슬라이드를 만들어 1시간 반을 강의했다. 그런데 말로 하는 강의보다 책으로 써서 나누어 주는 편이 도움이 더 될 것이라는 생각이 들었다.

필자가 50년 가까운 반평생을 배우면서 실천했던 이야기들을 동서양의 성공한 사람들의 애기나 실패한 사례들과 함께 엮어 보았다. 주로 정보통신 분야를 중심으로 적었지만, 다른 사업 분야도 필요에 따라 함께 다루었다.

1950년 한국전쟁이 터졌을 때에 세계에서 제일 가난한 나라였던 대한민국이 지금은 OECD에 가입하여 10위권 내에 발돋움

하고 있어서 많은 사람이 긍지를 느끼며 가슴펴고 세계를 누비고 있다. 그러나 어제까지 1등을 하던 우량기업이 아차 하는 순간에 몰락하여 무대에서 사라지고 있는 것을 보면서, 신 나게 사업을 시작한 기업인이 이익을 내고 계속해서 성장할 수 있도록 도움을 줄 수 있었으면 하는 바람으로 글을 써내려 갔다. 마지막 편에 M&A 도전에 관해 쓴 것은 경쟁에 이기는 첩경은 M&A이기 때문이다.

이 책이 세상에 나오도록 도와주신 (주) 프리씨이오의 정용환 부회장, 문규학 소프트뱅크코리아 대표, 이민수 동부CNI 팀장, 임성배 세인트메리대학교ST. Mary's University 교수와 어문학사의 윤석전 사장에게 감사드린다.

2013년 10월

효암曉岩 김영태金永泰

CONTENTS

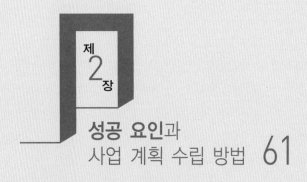

제2장

성공 요인과
사업 계획 수립 방법 61

제3장

흑자를
내려면 99

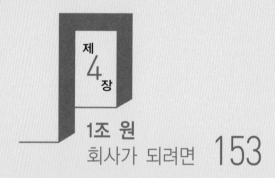

제
4
장

1조 원
회사가 되려면 153

제 5 장

도전
M&A 189

제 1 장

신 나는
사업개발

01

낙업낙토와
신 나는 경영

근 50년을 직간접으로 경영에 참여하면서 짜증스런 일도 있었고 신 나는 일도 많았지만, 언제나 염두에 두는 것은 즐겁게 일하는 일이었다. 중학교 2학년 때 영어 교과서에 다음과 같은 시가 있어서 이를 외우고 되풀이해서 새겼더니 어느덧 나의 좌우명이 되었다.

"Work while you work,   일할 때 일하고

Play while you play.   놀 때 놀아라.

That's the way,   그렇게 하노라면

To be cheerful and gay."   신 나고 즐겁게 지낼 수 있으리

그러다가 사람들의 삶이 숙명宿命과 인연因緣으로 얽혀 있다는

생각이 들어 이를 종합하여 "낙업낙토樂業樂土"라는 4자 성어를 만들어 가훈으로 삼았다. 업은 산스크리트어Sanskrit로 카르마Karma라고 한다. 인간은 태어날 때부터 유전자에 의해 정해진 것이 있는데, 이는 아무도 함부로 바꿀 수 없다. 이것을 불가에서는 업보業報라고 말하는데, 그런 업을 받아들이고 즐길 수 있으면樂業 이 세상은 신 나는 곳, 낙토樂土가 된다는 생각이다.

동양인, 그것도 한국인으로 태어난 것도 업業이니 이를 기꺼이 받아들이면 신 나고 즐겁게 살 수 있을 것이다. 가난한 집안에 태어나거나, 장애인이 된 사람도 그것이 숙명이다, 업이다 하고 받아들이면서 새로운 삶을 개척해 나가면 신 나는 삶을 살 수 있다는 것이 '낙업낙토' 사상이다. 필자는 30대에 강직성척추염Ankylosing Spondylitis을 앓았다. 처음에는 다리가 저리더니 차차 등이 굽어 땅을 보고 다녔다. 경영자로서 누가 보나 힘든 몸을 이끌며 일했는데, 그때 내게 힘을 준 것이 낙업낙토 사상이었다. 나의 상태보다 더 못한 사람들이 세상에 많다는 사실을 알게 되었고, 그들이 오히려 멋있게 사는 걸 보면서 점점 힘이 생겼다. 1880년에 태어나서 1968년 세상을 떠날 때까지 작가, 교육자, 사회주의 운동가로 일생을 보낸, 시각과 청력을 모두 잃은 헬렌 켈러Helen Keller 여사나, 21세 때부터 근 위축성 측색경화증으로 휠체어 생활을 하면서도 2009년까지 영국 케임브리지Cambridge 대학의 석좌교수로 재직한 세계적 물리학자 스티븐 호킹Stephen Hawking 박사 같은 사례를 보면서 나도 이들을 본받아 씩씩하게 살아야겠다고 마음을 다졌었다.

사업을 시작할 때에도 낙업낙토를 신조로 삼으면 큰 도움을 받을 수 있다. 신 나는 경영은 주어진 환경과 여건을 즐겁게 받아들일 때에 가능해진다. 좋은 아이디어가 있어서 이를 다듬어 사람들에게 알리고 투자할 사람들을 모으는 데 성공하면 신 나는 경영의 출발점에 서게 된다. 그리고 직원들을 채용하고 당초에 세웠던 목표대로 순조롭게 진행할 수 있으면 신 나는 경영이 본궤도에 오르게 된다. 그런데 사업은 혼자 하는 것이 아니다. 우선 함께 일하는 동지가 있고, 제품이나 서비스를 구매해 주는 고객이 있으며, 부품이나 원재료를 공급해 주는 협력업체가 있다. 또한, 사회적인 인프라를 제공하는 지역사회나 국가가 있다. 사람들과 함께 일하려면 그 순간부터 서로 이해관계가 달라 갈등이 생긴다. 이를 해결하기 위해 많은 노력을 해야 하는데, 이런 시기에 신 나는 환경이 조성되면 많은 갈등을 쉽게 해결할 수 있다.

사람들을 신 나게 하려면 어떻게 하면 될까? 이런 물음에 답하기 위해 필자의 직장 생활 50년간 신났던 일을 회고해 보았다.

가장 신났던 것은 LG CNS엘지 씨엔에스를 창업해서 그룹 전산실을 국내 최초로 통합하여 많은 사람으로부터 축하를 받았을 때였다. 그다음은 LG 그룹의 전자·전기·통신산업부문의 구조개혁 작업 1단계를 완료하고 세계 제1의 전자산업체로의 출발을 기약했을 때였다. 그리고 그다음쯤이 LG화학의 초대 전산실장으로 판매 수금관리 시스템을 완성해서 경영에 큰 공헌을 할 수 있었던 때였다. 이를 바꾸어 말하자면 많은 어려움을 극복하고 소기의 목표를 달성해서 여러 사람의 갈채를 받았을 때가 제일 신이 났었다는 말이다. 승진, 승급, 특별 보너스 등은 신이 나기보다는 기분이 좋은 정도로만 느껴졌다. 이 말의 요지는, 무엇인가 해냈다는 성취감이 클 때에 가장 신이 났다는 것이다. 이런 성취감을 크게 느낄 수 있게 하는 데에는 공개적인 칭찬과 갈채가 가장 효과적이었다.

조직 전체가 신 나게 일했던 일들을 몇 개만 들어보자.

1970년대의 LG화학에서 다각경영 전략이 추진되면서 석유화학 분야의 화성사업부, 염료와 의약품을 생산하는 정밀화학사업부, 종합무역사업의 수출사업부 등이 잇따라 신설되어 기업 확장의 열기가 올랐던 때나, 1980년대에 들어 우리는 하나, 세계 제1이라는 기치 아래 전자·전기·통신산업 분야의 20개 회사의 혁신활동에 불이 붙었을 때는 큰 조직이 신 나게 움직여 나갔다. 1990년대에는 정보화 혁명이 급속도로 진전되어 한국 전체가 정보통신 시스템 구축에 매진하여 세계적으로도 ICT정보통신기술, Information and Communications Technology 선진국의 대열에 들어갈 수 있게 만들었을 때에 신이 났었다. 그러다가 2000년대에 들어서 어느 나라에 가도 우리 한국인을 부러워하고 칭찬하는 시대가 열리니 신이 더 났다. 지속적인 경제성장, 생활 수준의 향상, 생활방식의 현대화,

의식구조의 개선 등이 이루어짐을 실감할 때에 우리는 모두 신이
났었다.

02
기회를 어떻게
잡아야 하나?

모든 사람이 크게 성공할 수 있다면 얼마나 좋겠는가? 그러나 현실에서는 그렇게 쉬운 일이 아니다. 우선 전망이 좋고 급 신장하는 사업 영역Domain을 찾으려면 엄청난 조사와 연구를 꾸준히 해야 한다. 막연하게 인터넷을 검색하거나 학술지를 열람한다고 되는 것이 아니다. 성공 사례를 통해 몇 가지 방법을 추려보자.

첫째로 같은 분야의 많은 사람이 모여서 개발하는 환경에 들어가 생활하면서 연구, 개발하는 것이 큰 도움을 준다. 미국의 실리콘밸리에는 정보산업 분야의 회사, 학교, 연구소, 벤처 캐피털 등이 모여 있다. 식당이나 카페, 심지어는 기숙사나 공원에서도 신제품이나 신사업을 개발하려는 청소년들이 모여서 얘기에 열중하고 있는 모습이 흔히 눈에 띈다. 전시회나 학술 발표회도 즐비하니 그야말로 신산업 탄생의 용광로다. 스탠퍼드 대학교Stanford University, 캘리포니아 대학교 버클리 캠퍼스University of California, Berkeley를 비롯한 구글Google, 휴렛 팩커드Hewlett Packard, 인텔Intel, 오라클Oracle 등 유수한 학교와 기업들이 자리 잡고 있으니 이곳에서 생활하면 보고 듣는 것이 모두 살이 되고 피가 된다. 한국에도 충남의 대덕연구단지나 원주의 의료기기테크노밸리 같은 곳이 나름대로 그런 역할을 한다. 한국과학기술정보연구원KISTI의 과학기술정보협의회ASTI, Association of Science and Technology Information같은 모임도 활성화되면 상당한 도움을 줄 것이다.

다음으로는 인터넷을 활용해서 자기가 관심있는 분야의 세계적인 동향을 파악해 나가는 것이다. 많은 기관, 협회, 회사, 대학들이 자료를 정리해서 웹에 올리고 있다. 특히 정보산업 분야에서는 워싱턴에 있는 SIIASoftware & Information Industry Association, http://www.siia.net가 많은 정보를 무료로 제공해준다. SIIA는 정부 관련 사항, 사업 개발, 기업체 교육, 지적 자산 보호 등에 대하여 세계 전반에 걸친 정보를 제공하고 있다.

이와는 약간 다른 면에서 실리콘밸리에 있는 「인포월드 데일리InfoWorld Daily」가 많은 기술정보를 매일 전해준다. 특히 새로 등장하는 기업용 기술에 대한 실속 있는 정보는 큰 도움을 준다. 이런 단체에 등록하면 수시로 중요한 기사나 기업들이 발표하는 백서White Paper, 白書 등을 무료로 볼 수 있다. 필자는 하루에도 수십건의 최신 정보를 받아 본다.

국내 기관으로도 전자신문, 디지털타임스, 하이테크정보, 정보통신산업진흥원이나 한국인터넷진흥원, 한국 소프트웨어산업 협회, 한국정보산업연합회, 한국전자정보통신산업진흥회 같은 곳에서 많은 자료를 발표하고 있다. 이와는 별도로 맥킨지McKin-sey, 삼성 경제연구소, LG 경제연구소 등의 회원이 되면 정기적으로 경제, 경영, 신제품, 자원, 환경 등에 관한 조사연구보고서를 받아 볼 수 있다.

좀 더 깊이 알고 싶으면 포레스터 리서치Forrester Research 같은 시장조사 회사의 도움을 유료로 활용해야 한다. 미국 내 5개 센터와 유럽 4개 센터, 전 세계 각지의 27개 영업소를 통해 기술동향과 IT 지출에 관한 계량적 시장조사와 전문적인 컨설팅, 행사, 강습회, 원격회의, 경영자 간 관계구축 프로그램 등을 제공하고 있다.

많은 사람이 인용하는 가트너Gartner는 코네티컷Connecticut에 본사를 두고, 5천 명의 직원으로 2012년에 16억 달러의 매출을 올리면서 정보기술 조사와 자문을 제공하고 각종 행사를 주재하는 일을 하고 있다.

매사추세츠Massachusetts에 본사를 둔 IDCInternational Data Corpora-tion, 미국 정보산업자문회사도 시장조사와 분석 서비스를 해주고 있다. 이 회사는 특히 정보기술, 통신 및 소비자관련 기술에 정통하며 50개국에서 1천 명의 요원이 서비스를 제공하고 있다.

이런 기관의 회원이 되려면 상당한 회비나 검색 비용을 지급해야 한다. 돈이 들지만 이런 회사들이 개최하는 정례 회의에 참석하거나, 전시회를 관람해 보는 것도 기술추세나 사업전개를 위한 장단기 전망을 파악하는 데에 큰 도움을 준다.

국내외의 전시회에 참석해 보는 것도 좋은 일이다. 세계적으로 유명한 것이 많은데, 그 가운데에서도 1970년 이후 해마다 3월에 독일 하노버Hannover에서 개최되는 컴퓨터 엑스포 세빗CEBIT에는 세계 각국에서 방문객이 모여 정보를 교환한다. 2013년에는 3월 5일에서 9일까지 개최되었는데 세계 120개국에서 방문객이 28만 5천 명 다녀갔다. 이곳에 70개국의 4천여 기업이 전시를 했고 130여 명이 주제 발표를 했다.

미국의 라스베이거스Las Vegas 컨벤션센터에서 열리는 CESConsumer Electronics Show, 소비자 가전 전시회는 1967년 이래 미국의 가전협회 Consumer Electronics Association의 연례행사가 되어 있는데 14만 명 정도가 모인다. 그간 이 전시회는 우여곡절을 많이 겪으면서도 꾸준히 계속되고 있다.

또 다른 방법으로는 회사 내에서나 산업계, 학교, 연구소 등이 협력하여 동호인들끼리 정기적으로 만나거나 인터넷으로 의견을 주고받는 방법이 있다. 필요할 때에는 공개적으로 페이스북Facebook이나 링크드인Linked In 같은 SNSSocial Network Service를 통해 정보와 의견을 교환할 수도 있다.

어떤 경우든 막연히 모든 것을 알려고 해서는 별 도움이 안 된다. 자기가 개발하고 있는 기술이나 제품에 관련하여 반드시 알아야 할 일을 구체적으로 정한 뒤에 그 과제를 중심으로 정보를 수집하여 소화해 나가야 전망이 좋은 사업영역이나 신제품 후보를 찾아낼 수 있다.

이런 각종 강습회, 전람회, 동아리 등에서 꾸준히 애쓴 끝에 좋은 아이디어를 찾아내면 이를 출발점으로 뜻을 함께하는 사람들이 모여 일주일 정도의 토론회를 서너 번 가져 보는 것이 좋다. 이런 토론회에서 세계 시장에 내어놓으려면 어떤 기능을 첨가하고 어떤 것을 삭제하며 어떤 것을 줄일 것인가를 산업공학적인 기법을 써 가며 하나하나 면밀하게 따져 본다. 나아가서 새로운 독보적인 기능을 만들어내는 작업을 하면 더욱 좋은 사업개념을 만들수 있을 것이다. 이런 작업에서는 제품은 말할 것도 없이 사업의 프로세스나 사업모델 자체에 대한 검토도 함께 해 나가는 것이 중요하다. 가능하다면 사업개발 경험이 많은 전문가의 멘토링을 받는 것이 시행착오를 줄일 수 있다.

03

벤처 기업도 대기업 못지않게
급성장할 수 있다

    세계적으로 크게 성공한 기업에 대한 사례를 설명하면 흔히들
"그런 회사들은 대기업들이라 우리와는 거리가 멀다"고 말한다.
그런데 그런 평계를 대는 것은 처음부터 크게 성장하려는 꿈을
버리고 작은 규모에 만족하는 좀비 족속의 상투적인 표현이다.
마이크로소프트Microsoft의 빌 게이츠Bill Gates, 구글의 래리 페이지
Larry page, 작고한 애플Apple의 스티브 잡스Steve jobs 같은 사람들도
모두 초창기에는 우리의 젊은이들과 별로 다르지 않아 돈이 없어
서 겨우 두세 사람이 자기 집 차고나 학교의 연구실 한구석에서
사업을 시작했다.

    한국에도 창립 14~15년 만에 세계 최고의 온라인 게임 서비
스 회사로 성장한 엔씨소프트NC soft의 김택진 대표나 온라인 게
임 돌풍을 일으킨 김정주 엔엑스씨 회장 같은 분이 있다. 모두 젊

은 나이에 창업하여 전 세계의 대중을 상대로 일해서 성공했다. 그들은 누구나 쉽게 쓸 수 있는 소프트웨어나 서비스를 제공하는 데에 역점을 두었다. 모두 국내 고객만을 대상으로 하지 않았고 과감하게 전 세계를 무대로 사업을 벌였다. 그리하여 조 단위가 넘는 거부가 되어 청소년들의 우상이 되었다.

2011년 4월 카카오의 대주주인 김범수 이사장이 "카카오톡 사용자가 연말이면 2,000만 명에 이를 것"이라고 했다. 당시 사용자는 1,000만 명 수준이었다. 모두 반신반의했다. 하지만 연말 카카오톡 사용자는 3,200만 명을 넘었는데, 이 가운데 약 600만 명이 해외 사용자였다. 하루에 카카오톡을 통해 주고받는 문자메시지가 10억 건이 넘고 이 가운데 약 10분의 1이 오후 11시~12시의 1시간 사이에 일어나고 있으니 한국인은 카카오톡과 함께 밤을 새우는 셈이었다.

하루에 주고받는 카카오톡 메시지가 26억 건에 이르는데 이는 이동통신 3사의 휴대폰 문자를 모두 합친 수치보다 10배 가까이나 된다. 여러 가지 수익 모델 가운데 카카오톡 웹툰 이모티콘 판매는 작가와 회사가 반씩 수익을 나눈다. 모바일 상거래와 게임, 사진 기반 SNS 카카오스토리, 게임센터 등 여러 모델을 계속 제공하며 가능성을 실험하고 있다.

2012년 4월 현재 9억 명의 가입자를 거느리고 있는 페이스북도 수익창출 구조를 구축하는 데 5년이 걸렸는데, 2012년 5월 나스닥NASDAQ에 38달러에 상장했다. 그렇게 보면 카카오톡의 장래는 기대할 만하다.

카카오톡의 "보이스톡"과 애플의 "페이스타임" 등의 모바일인터넷전화mVoIP가 이동통신업계에 커다란 파문을 던지고 있다. 그런 시기인 2012년 7월 18일에 한국과학기술원KAIST 내 벤처기업 위클레이weclay가 무료 음성·영상통화가 가능한 앱 "서클Circle"을 발표했다. "서클"은 아이폰과 안드로이드폰은 물론이고 맥 운영체제OS가 탑재된 매킨토시 컴퓨터나 윈도우 운영체제를 사용하는 PC에서도 쓸 수 있다.

이런 벤처기업이 속출하여 정보화시대를 선도하려면 무선 인터넷을 포함한 차세대 통신 환경에서 승자를 확보할 수 있는 환경을 구축하는 것이 선결과제이다. 세계적으로 봐도 나라마다 그런 환경을 조성하려고 혈안이다.

미국 보스턴Boston의 매스 챌린지Mass Challenge는 벌써 4년째 세계창업경진대회를 매번 1년에 걸쳐서 준비하고 있다. 보스턴 시내 중심, 고층빌딩 최상층에 벤처기업들이 입주해서 경합에 도전하는 현장이 있다. 수십 개 부스에 벤처기업들이 입주해서 사업을 개발하면서 선진기업의 전문가나 매사추세츠 공과대학교이하 MIT, Massachusetts Institute of Technology의 교수들로부터 지도를 받고 벤처기업과 벤처투자가들과 정보를 나누면서 일한다. 이 장소는 독지가가 무료로 제공했고 보스턴 시장과 매사추세츠 주지사와 대기업들이 물심양면으로 돕고 있다. 한국의 기업과 대학 및 정부

기관들도 이런 자리를 마련하여 강소強小기업이나 창업기업을 적극적으로 도와 나간다면 이 분야의 성공신화를 창조할 수 있을 것이다.

샌프란시스코San francisco에서 2010년 9월에 시작된 "20 Under 20 Fellowship"은 페이스북 주주이며 이사인 피터 씨엘Peter Thiel재단이 만든 장학제도이다. 이 재단은 해마다 20~24명 정도의 20세 이하 대학생들이 학업 도중에 휴학하고 창업전선에 뛰어들도록 1인당 1만 달러의 자금을 대주고 있다. 빌 게이츠처럼 학업 도중에 창업해서 크게 성공하면 평생을 간다는 생각에서 그런 의지와 소질을 가진 학생들을 지원하려는 시도이다. 미국만이 아니라 캐나다에서도 이 제도에 응모하여 창업을 시도하고 성공한 학생들이 나오고 있다. 창업에 실패하더라도 다시 복학할 수 있기 때문에 큰 인기를 얻고 있다.

이스라엘Israel 같은 나라에서는 군이 그런 환경을 만들어 벤처기업의 모태를 육성하여 사회에 연결시키고 있다. 특히 사이버전쟁Cyber War분야에서의 역량은 탁월하다. 이스라엘은 사이버 전쟁 강국이다. 여러 부대 가운데 이란의 핵 시설에 대한 사이버 공격을 성공시킨 적이 있는 8200부대Unit 8200는 이스라엘군의 인텔칩이라고 불릴 정도로 유명한데, 군사 및 산업 차원에서 잇달아 공적을 세웠다. 이 부대는 징집 대상자 가운데 최고의 인재를 선발하는 우선권을 갖고 있다. 최신 시설을 갖추고 실전을 통해 교육을 실시하기 때문에 고교졸업생들이 이 부대에 들어가기 위해

치열한 경쟁을 벌인다. 군 복무를 통해 창의성, 민첩성, 위험을 무릅쓰는 배짱 등 기업 활동에 필요한 능력을 키운다. 8200부대 출신은 제대 후 사회에 나가서도 평생을 함께한다. 그래서 이스라엘의 성공적인 하이테크 산업에 인적 자원과 기술 자원을 공급함으로써 경제적으로도 국가에 엄청난 공헌을 했다. 이스라엘의 IT 업계가 지금처럼 강력해진 것이 8200부대 출신 덕분이라고 해도 과언이 아니다.

한국도 이처럼 종합적이고 체계적으로 벤처기업을 육성할 수 있는 생태계Ecosystem를 산학연産學研과 군부대 합동으로 구축해야 한다. 그래야만 젊은 청소년이 새로운 기술과 참신한 사업모델을 개발하는 일에 열중할 수 있다. 또한, 거국적으로 이들을 물심양면으로 지원하는 환경이 마련되면 머지않아 국운을 좌우할 성과를 이루어낼 것이다.

04

빠르게 변하는
사업환경에 적응하면서
성공하는 벤처기업

2010년대는 엄청난 속도로 사업환경이 변하고 있다. 그러면서 세계가 하나로 움직이고 있다. 미국의 부동산 경기의 추락과 함께 일어난 금융위기가 전 세계를 휩쓸더니, 복지사회 과잉 추구로 남부 EUEuropean Union 각국이 부도 직전의 위기에 몰려 중국과 한국의 경기전망마저 위협받고 있다. 산업화의 부작용으로 공해가 발생하고 지나치게 배출된 탄산가스의 영향으로 전 세계의 기후마저 큰 변동을 일으키고 있다. 지진과 쓰나미가 덮친 일본 후쿠시마 지방의 방사능 오염으로 그나마 저렴한 생산원가로 경쟁력이 있었던 원자력 발전에 쐐기를 걸어, 전 세계가 에너지 부족을 호소하고 있다. 여기에 곡식과 식수의 부족이 예상되고 있으니, 문자 그대로 생존을 위협하는 지경에 이른 것이다.

그런 가운데 사람들은 모처럼 개발된 정보통신 수단을 활용하여 위기를 극복하기 위해 지혜로운 해결책을 찾아서 동분서주하고 있다. 이동통신은 점점 빨라져서 영화 한 편을 몇 분 만에 전달할 수 있게 됐고, 사람들은 동아리를 만들어 메시지나 전자우편, 사진, 영상 등을 함께 보는 SNS를 즐기게 되었다. 페이스북, 링크드인, 카카오톡 등 필자도 여럿을 쓰고 있는데, 각각 그 쓸모가 달라 나날이 더욱 살아가기가 편해지고 있다.

몇 해 전까지만 해도 사업을 시작하려면 미리 시설을 마련해야 하기 때문에 돈과 시간이 많이 들었다. 그런데 지금은 사업모델만 잘 만들면 비교적 짧은 시간과 적은 돈으로도 사업을 착수할 수 있는 세상이 되었다. 2011년 여름에 실리콘밸리에서 만난 전자상거래에 밝은 소프트웨어 전문가 마이클 로턴Michael Lorton 사장은 사업 개발이 과거처럼 몇 년이 걸리는 것이 아니라 몇 주면 끝낼 수 있는 시대가 되었다고 말했다. 하드웨어와 소프트웨어를 크게 확보한 회사와 계약을 하여 필요한 만큼의 컴퓨터 서비스를 사용량에 따라 비용을 지급하는 클라우드 컴퓨팅Cloud Computing시대가 되어 초기 투자가 많이 들지 않기 때문이라 했다.

스마트폰이나 태블릿 컴퓨터의 보급으로 사람들은 언제, 어디서나, 모든 사람과 정보를 고속으로 교환하면서 함께 일을 할 수 있게 되었다. 소위 '스마트 시대'의 개막이다. 그리고 불규칙적이고 비정형적인 방대한 정보일지라도 이를 분석해서 예측할 수 있고 사고 방지에도 활용할 수 있는 수단이 확보되었다. 그래서 최근에는 빅 데이터Big Data나 선진형 분석Advanced Analytics이 사람들의 입에 자주 오른다. 21세기는 피터 드러커Peter Drucker 교수가 예언한 대로 네트워크에 의한 참여형Participative 경영 시대로 진입하고 있다.

이런 환경에서 사업을 시작할 때에는 먼저 세계 시장으로의 진출을 기본으로 생각해야 한다. 그러면서 기업 내부만이 아니라 외부의 사업가마저 좋은 아이디어를 제공하면서 사업을 함께할 수 있도록 기회를 만들어야 한다. 특히 일의 추진에는 속력을 확보해야 한다. 종전처럼 피라미드형의 계층조직으로는 의사결정이 지연되어 경쟁에서 이기기 힘들어지고 있다. 그래서 기업 내외의 의사결정 프로세스도 가능한 한 동시에 진행되도록 동기화시키는 지혜가 필요하다. 자율경영으로 의사결정의 중심이 일하고 있는 사람들에게 넘어가도 기업 전체의 성과가 커질 수 있도록 기업 구성원의 생리와 행동방식을 유도할 수 있는 기업문화가 조성되어야 한다. 이를 중점적으로 추진하기 위해 구글은 문화담당 임원Chief Culture Officer을 임명하고 있다.

성공하는 벤처기업을 보면 불굴의 근성으로 혁신을 지속적으로 추구하는 기업가가 진두에 서서 경영을 하고 있다. 그런데 이런 기업가 정신은 쉽게 길러지는 것이 아니다. 칠전팔기를 할 수 있는 기질, 큰 꿈을 설계하는 능력, 그 꿈을 성취하기 위해 주위의 사람들을 설득하고 열광하게 하는 능력 등이 지도자에게 요구된다. 그런 지도자를 기르기 위해 심신을 단련하고 사람들을 이끌어 갈 수 있도록 교육과 훈련을 제공하는 사관학교가 설치되어 운영해 나가면 이 시대를 이끄는 기업가를 체계적으로 양성할 수 있을 것이다.

지도자만이 중요한 것이 아니다. 종업원들도 3~4명 단위로 팀을 만들어 활동하는 것이 조직에 활력을 불어넣고 유연성을 확보해 나갈 수 있어서 크게 도움이 된다. 기업이 성장함에 따라 조직이 비대해지고 인원이 많아질 때에 가장 경계해야 할 것이 대기업 병이다. 정보소통이 더디어지고 의사결정이 늦어져서 동맥경화증에 걸린다. 그래서 조직을 3~4명의 작은 세포로 편성하면서 각각의 세포를 형성하는 구성원 사이에 함께 논의하여 계획을 정하고 성과를 측정하며 대책을 강구해 나가는데, 각 세포조직을 인터넷으로 연결해서 서로 돕게 하면 아무리 큰 조직이라도 대기업 병에 걸리지 않는다. 종합병원이나 교향악단처럼 구성원 전원이 각자의 지혜와 기량을 100% 이상 발휘할 수 있다면 최고의 조직이 될 수 있다고 드러커 교수는 말했다. 여기에 필요한 것은 구성원이 공유할 수 있는 정보망과 지도자의 탁월한 지도력이라고 한다. 19세기에 영국이 인도를 통치할 때에도 이런 이치를 활용했다.

이런 일을 실천에 옮기고 있는 기업 중 하나가 구글이다. 구글에서는 팀장을 포함하여 평균 3.5명으로 한 팀을 만든다. 3개월에 한 번 근무 평가를 하는데 팀장과 팀원이 서로 평가한다. 이들은 함께 설정한 목표의 달성도를 따지고 대책을 강구한다. 성적이 좋으면 보너스를 지급하고 승진의 기회도 주어진다. 팀 전체가 이메일과 회사가 지급한 최신 스마트폰으로 정보를 교환하기 때문에 일 처리 속도가 전자식으로 빠르다.

사무실에서의 근무는 정시 출근제가 아니라 누구나 개인적인 성품과 사정에 따라 출근 시간을 변동할 수 있는 시차출근제를 택한다. 일의 성과를 철저히 따지기 때문에 출퇴근 시간을 일일이 따질 필요가 없다. 재택근무도 선택할 수 있다. 그 대신 출근하면 유기농 재료로 일류 요리사들이 만든 갖가지 식사를 하루 세 끼 무료로 즐길 수 있고, 일과가 끝나면 휴게실에서 마사지를 받으며 피로를 풀 수도 있다. 또한, 50분 회의에 10분을 마무리에 쓰도록 래리 페이지 대표가 시스템을 변경했다. 사무실 여기저기에 화이트보드가 있고, 각 분야 전문가의 조언을 받으면서 수시로 회의를 할 수 있다.

특이한 것은 근무 시간의 20%를 개인 관심 사항에 쓸 수 있는데, 이 20% 프로젝트에서 구글의 새로운 서비스들이 개발되기도 한다. 전 세계 3억 5천만 명이 쓰는 지메일Gmail이나 채팅 서비스인 구글토크Google talk, 그리고 구글맵Google maps이 이런 20% 프로젝트에서 나왔다. 구글은 직원과 직원의 배우자 모두에게 복리후생 지원을 해준다. 출산 휴가로 4주를 허용하고 산후 식비보조로 50만 원 내외를 보조한다. 직원의 어학교육비, 석·박사 학비, 각종 콘퍼런스 참가비 등을 지원하는 것은 말할 것도 없다. 그리하여 궁극적으로 팀워크와 소통을 잘하는 사람, 긍정적이고 도덕적인 사람, 또한 IT 분야 변화 속도에 맞춰 일할 수 있는 사람, 변화를 즐기는 사람, 소매를 걷어붙이고 새로운 일에 뛰어들 수 있는 사람을 확보해 나가고 있다.

팀 단위의 행동력을 보장하면서도 회사 전체의 성장과 수익을 확보할 수 있는 체제가 갖춰져야 이런 직장 분위기를 조성할 수 있으며, 종업원이 기업 활동에 자발적이고 적극적으로 참여하는 기업 문화가 정착될 수 있다. 그런 체제도 정비하지 않고 겉으로만 구글의 흉내를 내는 회사가 더러 한국에도 있었는데, 급성장하다가 적자를 크게 내고 도산하고 말았다. 단계적으로 도입하면서 자기의 형편에 맞게 조심스럽게 추진해야 할 일이다.

05
한국의 정보처리사업 수준을
바꾸어 나간 LG CNS

지금까지 미국의 획기적인 기업을 살펴보았는데, 한국에서도 비슷한 사례를 얼마든지 찾을 수 있다. 얼굴에 바르는 크림을 만들어 팔다가 50여 년 만에 한국을 대표하는 대 기업군으로 발전한 LG 그룹에서 필자는 많은 것을 경험했다. 그 가운데서도 1986년에 당시 세계 제일의 정보처리사업체였던 미국의 EDS일렉트로닉데이터시스템스, Electronic Data Systems Corporation와 함께 지금의 LG CNS의 전신인 에스티엠STM을 창업했던 일은 아직도 기억에 새롭다. 벌써 26년째에 접어들면서 이 회사는 3조 원대 매출에 1만 명의 직원을 거느리는 규모로 자랐다.

1986년 초에 "E프로젝트"라는 이름으로 13명의 직원을 거느리며 LG 그룹 각 사의 전산실을 통합하여 세계 수준의 정보처리

사업체를 설립할 생각을 할 때만 해도 아이디어가 모자라 앞일이 막막했다. 민간으로는 한국 최초로 3세대 컴퓨터를 들여와서 LG화학의 초대 전산실장으로 전산시스템을 성공적으로 운영했다고 자부하고 있었는데, 막상 15년 만에 다시 전산 부문을 맡아서 국내외 정보처리시스템과 비교를 해 보니 미국에는 20년, 일본에는 10년가량 뒤진 상태라 깜짝 놀랐었다. 이런 낙후된 상황을 단시일에 극복하고 세계의 선두에 나서려면 극단적인 방법을 동원할 수밖에 없다고 생각했다.

미국과 일본 등 여러 나라의 기업들과 협상을 거듭한 끝에 EDS와 50대 50의 합작회사를 만들어 필자가 대표이사가 되었다. 합작하게 된 이유는 다음과 같았다. 우선 LG 그룹 20개 주력 회사의 중추 신경이라 할 수 있는 전산실을 통합하려면 10년은 견딜 수 있는 사업형태를 만들어야 했다. 그렇게 하려면 일류 외국 회사와의 합작이라는 틀을 만들어 두는 것이 첩경이라고 생각했다. 워낙 빠르게 발전하는 컴퓨터와 통신업계에서 시스템 통합Systems Integration & Management을 해 나가려면 세계에서 가장 앞선 기술과 노하우를 쉽게 배울 수 있는 체제를 갖추어야 했다. 그래서 EDS를 선택해서 1차로 9년간, 그 뒤로는 5년 단위로 상호 합의하여 합작을 연장할 수 있는 계약을 체결했다. 그 배경에는 한국인의 우수한 두뇌와 강인한 의지력, 그리고 민첩한 추진력을 충분히 활용해서 세계적인 기업으로 키워 그룹 각 사와 한국의 정보처리 수준을 세계 제일로 발전시키고 나아가서는 전 세계로 사업을 확대해 나가야 한다는 비전이 있었다.

이 사업을 착수하면서 커다란 장애를 많이 넘어야 했는데, 우리는 하나하나 극복해 나갔다. 가장 먼저 불거진 것이 각 사의 전산실을 새 회사에서 인수하는 일이었다. 회사마다 제안 설명회를 열면서 계약을 추진했는데 큰 저항이 있었다. 어떤 회사 간부로부터는 "문둥이 콧구멍에서 마늘을 빼먹으려 한다"는 폭언을 들으면서도, 모멸감과 분통을 참으면서 계약을 이끌어냈다. 구자경 LG 그룹 회장의 강력한 뒷받침이 큰 도움이 되었다. 최고 경영자의 비전 성취를 위한 강한 의지 표명이 웬만한 불평불만을 잠재울 수 있었다.

계약이 성사되어 전산실을 인수한 뒤에도 정보시스템 서비스 제공은 생태적으로 힘들었다. 우선 컴퓨터와 통신 기술이 급격하게 발전하기 때문에 서비스 수준을 고도로 유지하려면 계속해서 기계와 소프트웨어를 교체해 나가야 하는데, 여기에는 많은 자금과 시간이 소요된다. 한편, 고객 회사를 보면 사용자는 본사, 공장, 영업소 등 전 부서에 퍼져 있어서 모두 우수한 서비스를 요구한다. 그런데 그런 서비스에 드는 비용은 대체로 본사의 재경부서장이 통제한다. 그러다 보면 서비스를 제공하는 회사의 임직원들은 부족한 부분을 몸으로 때우게 된다. 그러니 자칫 잘 못하다가는 서비스 제공 회사의 사장만 고객 회사의 임직원, 고객회사의 재경부서장, 서비스를 제공해야 할 자체 회사의 임직원 사이에서 샌드위치가 되어 사면초가로 원성을 듣기 마련이었다. 고객의 요구사항을 잘 정의해서 투입 비용, 소요 시일 등에 관한 합의를 철저히 해도 시스템이란 수시로 진화해 나가기 때문에 원활하게 관리하기가 대단히 어렵다. 그래서 정보시스템 서비스업체의 사장은 "산 채로 십자가에 매달아 죽지 않을 정도로 골탕을 먹게 되는 형벌을 받는다"고 했다. 이를 극복하기 위해서 필자는 현장 방문을 통해 직접 고객이나 임직원의 목소리를 듣고 신속하게 문제점을 해결해 나갔다.

어려운 일은 그뿐이 아니었다. 다음으로, 부닥친 것이 법적인 규제였다. 아직 인터넷 시대가 열리기 전이라 전용통신망을 쓴 상업적인 서비스를 법적으로 허용하지 못하게 되어 있었다. 부가가치서비스VAN가 처음으로 소개된 시절이었다. 20개 사를 통합하여 전국을 연결하는 고속통신망을 함께 쓸 수 있도록 서비스가 제공되어야 했는데, 당시의 법으로는 이를 허가해 줄 수 없었다. 체신부, 청와대를 반복해서 찾아가 정보화시대가 오고 있으니 빨리 규제를 풀어 달라고 호소하여 겨우 1987년 7월에야 허가를 받을 수 있었다. 그런데 허가 대상 1호는 우리가 아니고 경쟁사였다. 체신부의 담당 과장이 딱한 표정으로 양해를 구했다.

"김 사장 양해하시오. 김 사장의 회사가 외국과 합작하고 있기 때문에 허가 1호는 한국 회사에게 나가야 합니다."

정보처리시스템을 세계적인 수준으로 끌어올리려면 무엇보다 중요한 것이 인재의 육성과 높은 품질수준확보였다. 그래서 우리는 10년을 내다보는 비전을 설계하면서 인재육성을 위한 제도를 만들어 나갔다. 직무설계와 경력발전 시스템 그리고 업적평가에 의한 보상제도를 포함한 급여시스템을 개발해서 실시했고, EDS에 견학단을 보내거나 파견 근무를 시키는 한편, 국가가 인정하는 사내 대학원을 개설하고 인터넷 통신교육을 포함한 교육 시스템을 종합적이고 체계적으로 추진했다. 품질수준확보를 위해서도 영국의 품질인증 기관의 감사를 국내 최초로 받았고, 국내 품질대상에 도전하여 성공했다. 뒤에 미국의 CMMI Capability Maturity Model Integration 제도하에 제3기관의 감사와 인증을 받으면서 전 부서가 세계 최고의 품질 수준을 꾸준히 확보해 나갔다. 이런 일을 추진하는 과정에서 EDS의 도움이 컸다. 특히 필자와 수시로 의견을 나누면서 일해나간 토슨 Jerome K. Thorson 공동대표, 양 Ed Yang EDS 부사장, 바커 Robert Barker EDS저팬 사장, 구디스 Mal Gudis EDS월드 사장은 EDS의 모든 자원을 공개하면서 우리를 도왔다.

그 결과 LG 그룹 각 사에 의존한 매출액이 30% 선으로 줄 정도로 국내외에 큰 프로젝트를 맡아 나가게 되었다. 대표적인 사례만 보더라도 실명제 하에 운영되는 국세징수 시스템, 부동산 등기 시스템, 금융시스템 등을 개발하여 정의사회 실현의 큰 틀을 마련했고, 교통정보와 요금 자동화 시스템으로 교통카드 하나만 있으면 지하철, 버스, 택시 등을 타고 다닐 수 있게 만들었다. 교통카드 시스템은 해외에서도 인기가 있어서 콜롬비아와 뉴질랜드 등 여러 나라에 진출하게 되었다.

이제 한국은 세계에서 가장 앞선 정보통신 수준을 마음껏 즐길 수 있는 나라가 되었는데, 이 일에 LG CNS가 한몫을 한 것은 아무도 부인하지 못한다. 실로 20여 년 만에 일본과 미국을 앞지르는 수준에 이르니 한없이 기쁘다. 이 모두가 LG 그룹의 회장을 비롯한 경영진의 이해와 지지 아래 밤낮으로 땀 흘려 혁신을 해 나간 LG CNS 직원들이 노력한 성과였다.

고속 경영으로
세계 정상에 오른
삼성전자

추격자로서의 삼성전자는 속도전이 장기이다. 금성사_{지금의 LG}
전자보다 10년 뒤인 1969년에 전자산업에 뛰어든 뒤, 지금까지 이
들은 업계 1등을 목표로 무서운 속도로 질주해 왔다. 그리하여
2012년에 201조 원의 매출과 24조 원의 영업이익을 22만여 명의
임직원으로 달성하여 매출 기준으로 세계 1위 IT 업체가 되었다.

삼성전자의 2012년 사업구조를 보면 크게 보아 디지털미디어
부문 35.7%, 정보통신 부문 33.7%, 반도체 부문 22.4%, 디스플레이
부문 17.7%로 나누어져 있다. 이 가운데 반도체부문 사업을 착수
할 때의 일화를 살펴보면 이 회사의 고속 경영의 실체를 엿볼 수
있다.

1983년 2월에 삼성의 이병철 회장이 반도체 사업에 착수하겠

다고 일본 도쿄에서 발표했다. 다른 경쟁업체는 이미 반도체 산업에 진출하고 있는 시기였다. 그는 삼성석유화학의 성평건 공장장에게 지시했다.

"자네가 기흥 반도체 건설본부장을 맡아주게. 6개월 시간을 줄 테니, 반도체 공장을 완공하게."

1년 6개월 걸리는 반도체공장을 6개월 만에 짓는다니, 그것도 야산과 잡초밖에 없는 땅에다가. 그러나 성 공장장은 이를 해냈다. 미국의 마이크론 테크놀로지Micron Technology Inc.와 기술계약을 6월 17일에 한 뒤, 309가지에 이르는 공정기술과 검사조립기술을 포함한 생산 공정 계획을 11월 7일에 완료했다. 이 공장은 8월에 착공하여 6개월 만인 1984년 3월에 준공했다. 삼성은 모든 건설 공정을 동시에 진행하는 방법을 썼다. 이를 불러 동기화전략同期化戰略이라 했다.

기공식 직후부터 전쟁이 시작되었다. 생산설비, 골조공사와 함께 전기와 물을 공급하는 공사도 동시에 들어갔다. 삼성은 신입사원 수십 명을 뽑아 설비제작업체로 파견했다. 설비업체 현장에서 제작과정을 처음부터 끝까지 지켜본 이들은 불과 수개월 만에 훌륭한 설비 엔지니어가 되어 돌아왔다. 이들은 이런 식으로 해서 1983년 12월에 64K DRAM의 개발을 발표해서 세상을 떠들썩하게 했다. 공장이 준공하기 전인데도 제품개발에 성공했다고 발표했다. 그 뒤 투자를 계속한 삼성전자는 2011년에 전 세계 반도체 시장 점유율 9.3%를 달성해서 15.9%인 미국의 인텔에 이어 세계 2위에 올랐다. 메모리 시장에서만 보면 세계 1위이다.

이보다 훨씬 뒤의 일이지만 2009년도에도 엄청난 일이 벌어진다. 2009년 2월 16일 스페인Spain의 바르셀로나Barcelona에서 모바일 월드 콩 그레스MWC가 열렸다. 당시 전 세계가 스마트폰의 향방에 대해 촉각을 세우고 있을 때였다. 애플의 아이폰이 발표되어 스마트폰의 전망이 좋아지고 있었다. 이때의 마이크로소프트는 휴대폰 시대에 맞는 운영체제 개발에 뒷북을 치고 있었는데, 이들은 PC 주도권을 잡고 있었기 때문에 다가오는 스마트폰의 물결을 제대로 타지 못하고 있었다. 그런데 애플의 스마트폰은 많은 전문가의 우려와 걱정을 물리치고 급속도로 성장했다. 그러자 검색 엔진으로 광고 시장을 주도하고 있던 구글이 2005년 8월에 안드로이드Android를 5천만 달러에 인수하고 휴대폰 시장에 뛰어들어 운영체제를 공개했다. 애플은 자체에서 휴대폰을 만들기 때문에 다른 제조회사에는 그들의 운영체제인 아이오에스IOS를 제공하지 않는다. 그러다 보니 휴대폰 제조업체들은 애플에 대항하기 위해서도 마이크로소프트나 구글 같은 곳에서 운영체제를 입수해야 할 판이었다.

LG전자에 덜미를 잡힌 모토로라가 먼저 구글을 택했고, 한국에서도 팬택이나 삼성전자가 구글 진영에 참가하였다.

2009년 하반기가 되자 스마트폰 태풍이 전세계를 휩쓸었고 한국도 예외가 될 수 없었다. 2010년에 들어가면서 대만의 HTC宏達國際電子股份有限公司가 구글과 손잡고 안드로이드폰을 내고 삼성전자 또한 빠른 속도로 안드로이드폰을 개발하기 시작했다. 삼성은 기술자가 모자라자 인도에 5천 명의 기술자를 확보하고 인포텍 Infotech 같은 인도의 소프트웨어 회사에게 대량으로 일감을 주기 시작했다. LG전자가 안드로이드 폰인 옵티머스 시리즈를 내어놓기 시작한 것은 이들보다 6개월이 더 지나서였다. 속도전에서는 삼성전자의 특기가 발휘되었다. 수원의 삼성전자 연구소는 밤이 늦도록 불이 꺼지지 않았다. 그 결과 삼성전자의 "갤럭시 S" 시리즈는 세계 시장을 휩쓸게 되었다. IDC가 발표한 2012년 4/4분기의 휴대폰 시장 점유율은 노키아Nokia가 17.9%, 삼성이 23.0%, 애플이 9.9%, ZTE中兴通讯股份有限公司 3.6%, 화웨이Huawei, 华为, 3.3%, 기타 42.3%이다.

▶ Top Five Total Mobile Phone Vendors, Shipments, and Market Share, Q4 2012(Units in Millios)

Vendor	4Q12 Unit Shipments	4Q12 Market Share	4Q11 Unit Shipments	4Q11 Market Share	Year-over-Uear Change
1. Samsung	111.2	23.0%	99.0	20.9%	12.3%
2. Nokia	86.3	17.9%	113.4	24.0%	−23.9%
3. Apple	47.8	9.9%	37.0	7.8%	29.2%
4. ZTE	17.6	3.6%	20.6	4.4%	−14.6%
5. Huawei	15.8	3.3%	13.9	2.9%	13.7%
Others	203.8	42.3%	189.5	40.0%	7.5%
Total	482.5	100.0%	473.4	100.0%	1.9%

출처: IDC Worldwide Mobile Phone Tracker, January 24, 2013.

삼성의 성공 요인은 시대의 변화를 재빠르게 포착하고 집중투자와 속도전으로 세계 시장 1위를 추구하는 데 있다고 생각한다. 삼성은 이에 더하여 정보처리시스템의 고도화를 계속하고 있다. 이미 운영중인 ERP경영자원계획, Enterprise Resource Planning시스템에 더하여 우수한 SCM공급망관리, Supply Chain Management시스템을 운영하고 있다. 최근에는 경영자원계획ERP분야에 '인메모리In-Memory' 데이터 분석처리 기술을 도입하는데. 인메모리 기술을 활용하면 기존 디스크 기반 시스템에 비해 데이터 분석 속도가 이론적으로 최소 100배 이상 빨라진다고 한다. 2012년 7월 27일에 가트너가 포천 500대 기업을 분석해서 발표한 글로벌 공급망관리SCM 톱 25에 의하면 삼성전자의 공급망 운영 역량은 세계 최고 수준에 이른 것으로 되어 있다. 모두 삼성의 속도전에 큰 기여를 할 것으로 보인다.

07

개인용 컴퓨터 시대를 주도하는
마이크로소프트

무엇을 해야 크게 성공할 것인가? 누구나 그런 고민을 한다. 멋진 아이디어Big Idea가 쉽게 떠오르면 얼마나 좋을까? 하지만 결코, 쉬운 일이 아니다. 그래서 크게 성공한 세계적 기업인의 사례를 살펴보면서 그런 지혜를 찾아본다. 먼저 개인용 컴퓨터PC 시대가 열릴 때에 시대의 조류에 편승해서 크게 성공한 마이크로소프트에 대하여 알아보자

1975년 정월 「포퓰러 일렉트로닉스Popular Electronics」지에 MITS, Micro Instrumentation and Telemetry Systems라는 회사가 만든 알테어Altair8800이라는 소형 컴퓨터가 소개되었다. 이 컴퓨터에는 당시 인텔이 발표한 반도체 8086 CPU를 쓰고 있었다. 많은 청소년이 MITS에서 부품을 사서 장난감 같은 컴퓨터를 조립하는 일에 열을 올리고 있었다. 그런데 하버드 대학교Harvard University 수학과 2학

년에 다니던 빌 게이츠Bill Gates와 그의 죽마고우 폴 앨런Paul Allan은
달랐다. 두 사람은 MITS의 사장을 찾아가서 이 소형 컴퓨터에 쓸
수 있는 베이직 인터프리터Basic interpreter를 개발하자고 제안했다.
개발이 끝나자 두 사람은 단돈 천 달러로 마이크로소프트를 설립
하여 MITS에서 독립했다.

그때까지만 해도 소프트웨어는 기계에 끼워 팔기 때문에 무료
로 제공되는 것이 관례였는데, 게이츠는 고집스럽게 소프트웨어
의 대금을 따로 청구하기로 했다. 마침 그 시기를 전후하여 세계
적으로 컴퓨터로 업무를 처리하는 붐이 일어나고 있었다.

한국에서도 1967년에 경제기획원 통계국에 IBM의 컴퓨터
1401이 처음으로 설치되었다. 그 뒤 유한양행, 락희화학, 금성사
등에서 전산화를 추진했지만, 모두 대형 컴퓨터Mainframe를 쓰고
있었다. 1975년까지 한국에 설치된 중형과 대형 컴퓨터는 98대에
이르렀다. 한때 인텔의 8080 마이크로프로세서로 마이크로컴퓨
터나 주변 기기를 개발 생산하는 일에 사람들의 관심이 쏠리기도
했지만, 아무도 마이크로소프트처럼 소프트웨어를 개발하여 따
로 팔 생각은 미처 하지 못했다.

1980년 7월에 IBM이 PC를 개발하기 위해 베이직 인터프리터
를 공급해 달라고 마이크로소프트를 찾아왔다. IBM의 샘즈Jack
Sams 대표가 PC를 움직일 운영체제도 필요하다고 하자, 게이츠는
인기 있던 CP/MControl Program for Microcomputers을 개발한 DRIDigital
Research, Inc.를 소개했다. IBM과 DRI의 협상은 잘 진행되지 못했다.

그래서 샘즈가 게이츠에게 쓸 만한 것을 구해 달라고 부탁했다. 몇 주일 후 게이츠는 SCPSeattle Computer Products라는 회사에서 만든 86-DOS를 추천했다. 기회에 민감한 게이츠는 86-DOS의 저작권을 사서 PC-DOS로 이름을 바꾸어 IBM에 공급했다. 게이츠는 다시 운영체제의 이름을 MS-DOS로 바꾼 뒤 IBM만이 아니라 유사한 PC를 만드는 회사들에게 팔기 시작했다. 그러다가 1985년 11월에 가서는 MS-Windows를 자체 개발하여 출시했다.

빌 게이츠는 그 당시 막 떠오르기 시작한 개인용 컴퓨터의 운영체제를 유료로 공급하는 사업이 앞으로 크게 성장할 것이라는 확신이 있었다. IBM이 개인용 컴퓨터 시장에 진입하면 전 세계의 컴퓨터 제조업체들이 모두 IBM을 따라 비슷한 것을 만들게 될 것이라고 보았기 때문이었다. 그래서 그는 일시금 조건으로 5만 달러에 IBM에게 운영체제를 공급하면서도 다른 고객에게도 팔 수 있도록 저작권은 팔지 않고 확보했다. 마이크로소프트가 전 세계의 PC용 운영체제를 공급하게 된 계기는 이렇게 탄생했다. 그 뒤 마이크로소프트는 PC에 사용할 각종 소프트웨어를 자체 개발하거나 개발업체를 인수해서 정보화시대의 세계 시장을 주도해 나갔다.

한편, 컴퓨터 시장 대부분을 장악한 IBM에 대한 경쟁업체의 소송이 잇따라 일어났다. 1969년 1월에 미국 법무부가 뉴욕 남부 지방법원에 IBM을 셔먼법Sherman Act 2조 위반으로 제소하면서 1982년까지 13년에 이르는 미국 정부와 IBM 사이의 기나긴 법정

투쟁이 시작되었다.

1969년 6월 23일 IBM은 독점적 지위의 남용에 대한 비난을 회피하기 위해 그때까지 무료로 제공해 왔던 소프트웨어와 서비스를 하드웨어와 분리하여 따로 요금을 받겠다고 발표했다. 여기에 포함된 소프트웨어나 서비스는 시스템 개발 용역, 유지보수 서비스, 사용자 교육, 고객전용 프로그램 개발, 17개 국어로 된 응용 소프트웨어 등이었다. 그 결과 방대한 소프트웨어와 시스템 서비스 산업이 출현하게 되었다. IBM 자체도 하드웨어 제조만이 아니라 대형컴퓨터에서 나노 기술에 이르는 소프트웨어, 정보처리서비스, 컨설팅 서비스를 제공하는 업체로 변신하게 되었다.

이후에 소프트웨어 산업이 놀라운 속도로 성장해 나가자 마이크로소프트도 함께 고성장을 거듭했다. 2012년 6월 마이크로소프트는 전 세계 데스크톱컴퓨터 운영체제 시장점유율 92%를 차지하면서 2013년 6월 30일 현재 9만 9,130명이 연간 순매출액 773억 달러를 올리는 거대기업으로 자랐다. 마이크로소프트는 "손가락 끝에 정보를Information on finger tips"과 같은 슬로건을 내세우며 PC용 소프트웨어 공급에 몰입하여 시대의 흐름을 잘 탄 결과 오늘날 세계 정상의 기업체로 성장할 수 있었다.

08

실패를 극복하고
정상을 정복한 뒤 떠난
스티브 잡스

사업하다 보면 별일이 다 일어난다. 자기가 만든 회사에서 자기가 데려온 사장에게 쫓겨난 사람이 있었다. 애플의 스티브 잡스가 그런 사람이었다. 이런 일은 어찌 미국에서만 있을 수 있는 일인가? 심복의 배반으로 낭패를 겪은 사람이 하나 둘이 아닌 것은 역사가 증명한다. 로마의 시저가 그랬고, 대한민국의 박정희 대통령도 부하에게 시해되었다. 그보다 덜 참혹한 일은 온 세상에 널려 있다.

애플을 사상 최고의 기업으로 길러 내고 2011년 10월 56세 한창 나이에 췌장암으로 이 세상을 하직한 스티브 잡스의 일생은 기구하기 짝이 없다.

미혼의 대학생들 그것도 독일계의 어머니와 시리아_{Syria}계의 아버지 사이에 태어난 잡스는 외조부모가 결혼을 반대하는 바람에 사생아가 되고 말았다. 그는 태어나자마자 아르메니아Armenia 계 미국인 잡스 부부에게 입양되었다. 양아버지의 영향으로 잡스는 어릴 때부터 차고에서 전자제품을 조립했다. 캘리포니아에 있는 리드Reed대학에 입학했으나 6개월 만에 그만두면서 그 뒤의 1년 반을 "아름다운 서체書體개발 반" 같은 특수 강의를 청강하고 다녔다. 그러면서 다섯 살 위인 스티브 워즈니악Steve Wozniak 같은 친구들과 컴퓨터 기판 개발을 하면서 휴렛 팩커드에서 여름 한철 시간제로 일했다.

가난했기 때문에 잡스는 친구의 하숙방 바닥에서 자기도 하고 코카콜라 병을 수집해서 끼니를 때우거나 힌두교의 하레크리슈나Hare Krishna 사원의 무료급식을 즐겼다. 1974년에야 아타리Atari에 기능공으로 취직했지만, 얼마 안 되어 그만두고 대학 때 사귄 친구와 함께 인도에 가서 7개월이나 지내다가 삭발하고 인도 옷을 입은 채 귀국했다. 그는 이때에 영적으로 크게 성장했다고 한다. 아타리에서 일감을 얻어 워즈니악과 반씩 나누기로 하고 700달러를 받았다. 1976년에 들어서 잡스와 워즈니악은 다른 한 친구와 셋이서 잡스의 부모 집 차고에서 "애플 컴퓨터"를 창업하고 회로기판을 만들어 팔기 시작했다. 자금 25만 달러는 인텔에 다니던 영업부장 마이크 마쿨라Mike Markkula가 투자했다. 1978년에 내셔널 반도체의 마이크 스콧Mike Scott을 사장으로 초빙했다가

1983년에 펩시콜라Pepsi-Cola의 존 스컬리John Sculley를 "평생 설탕물 장사만 하지 말고 함께 세상을 바꾸어 보자"고 하면서 애플의 사장으로 데려왔다.

잡스와 워즈니악의 노력으로 애플II, 리사Lisa, 매킨토시Macintosh 같은 컴퓨터가 개발되었다. 잡스는 제록스Xerox의 팔로알토연구소PARC, Palo Alto Research center에서 컴퓨터를 쉽게 쓸 수 있도록 개발한 마우스와 아이콘 같은 사용자 검색 방법을 애플의 주식인수권을 주면서 확보해 새로운 컴퓨터에 적용했다.

1984년의 미식축구 결승전인 슈퍼볼Super Bowl의 텔레비전 방송에 애플이 충격적인 동영상 광고를 실었다. 당시 컴퓨터의 거인 IBM을 때려 부수고 소비자를 해방할 애플의 매킨토시가 1984년 1월에 출시된다는 내용이었다. 조지 오웰George Orwell의 『1984년』에 나오는 빅브라더Big Brother가 온 세상을 장악한다고 선언하는 화면을 애플의 로고를 상징한 흰 셔츠에 붉은 팬티를 입은 여자가 커다란 해머를 던져 파괴해 버리는 장면은 큰 충격을 관중에게 주었다. 개인용 컴퓨터 시대의 극적인 개막 선언이었다.

잡스는 워낙 변덕이 심하고 카리스마Charisma가 있어서 종업원들이 잘 따르지 않았다. 그런데 그즈음에 업적마저 나빠졌다. 1985년이 되자 스컬리 사장은 긴급 이사회를 열어 잡스를 퇴출시켰다. 잡스는 자기가 데려온 사장에게 배신당한 셈이었다. 애플을 떠난 잡스는 컴퓨터 플랫폼을 만드는 넥스트NeXT를 설립하고

1986년에 그래픽을 개발하는 회사뒤에 픽사(Pixar)로 개명를 구입했다. 이 회사는 1995년에 「장난감 이야기Toy Story」라는 만화영화를 제작하여 히트했다. 만화영화계의 거인 월트 디즈니사Walt Disney Inc.가 2006년에 픽사를 74억 달러에 인수하면서 잡스는 7%의 디즈니 주식을 소유하는 제1 주주가 되고 임원이 되었다.

매킨토시 운영체제 개발에 어려움을 겪은 애플이 잡스가 개발한 넥스트스텝NeXTSTEP을 활용하기 위해 1996년에 잡스를 고문으로 초빙했다. 애플의 실적이 나빠지자 잡스는 다시 애플의 경영권을 확보해서 1997년에 사장으로 복귀했다. 파산 직전이던 애플은 그의 영도하에 다시 이익을 내기 시작했다. 그 뒤 10여 년 동안 애플은 아이맥iMac, 아이튠즈iTunes, 아이팟iPod, 아이폰iPhone, 아이패드iPad 등을 개발하고, 애플 소매점, 아이튠즈와 앱App의 유통망까지 운영하여 2011년에는 최고의 회사로 성장하였다. 애플의 성공 요인은 매력적인 디자인, 아름다운 글씨체와 도형을 개발하고 이용자가 쓰기 편한 것User Friendliness을 세계적으로 외주해서 싸게 만들어 공급한 데 있다. 특히 디자인과 쓰기 편한 기능에 대한 잡스의 집착은 대단했다. 342개의 특허를 확보하고 있는데 대부분이 의장특허라고 한다.

애플이 쓰는 부품은 하드웨어, 소프트웨어 할 것 없이 모두 이미 다른 회사가 개발한 것들이다. 그러니 어떤 의미로는 잡동사니의 조립품이라 할 수 있다. LCD 디스플레이는 LG 디스플레이, 반도체는 인텔, 엔비디아Nvidia, 삼성이 공급한 것을 중국의 폭스콘Foxconn이 최종 조립을 한다. 심지어 운영체제 'OS X'마저도 1970년대에 AT&TAmerican Telephone and Telegraph Co.가 개발한 유닉스 Unix의 변종이다. 이처럼 쓰기 쉽고 예쁜 제품과 서비스를 개발해서 이미 세상에 나와 있는 여러 부품과 시스템을 잘 작동하게 통합 설계한 뒤 수급을 원활히 할 수 있는 생태계를 조성하여 세계적으로 공급하는 것이 애플의 특징이라 할 수 있다. 과거에는 제품이나 서비스 중심의 개발로 성공했으나 오늘날에는 소비자와 협력체 간의 협력을 통한 멋지고 신 나는 경험을 제공하는 사업이 주목을 받고 있다. 애플이 아이팟을 통해 아무 곡이나 자유롭게 들을 수 있게 하고 아마존Amazon이 킨들Kindle을 싸게 공급하면서 책을 인터넷으로 읽을 수 있는 시스템을 공급하듯이, 서로 함께 즐길 수 있는 관계를 구축하는 일을 하면 크게 성공하는 시대가 되었다.

여러 제품 가운데서도 스마트폰 시대를 연 아이폰은 2007년 1월에 발표되고 5월에 판매될 때만 해도 많은 전문가가 실패를 장담했었다. 하버드 대학교 평생 교육원의 석학 데이비드 플랫David Platt교수 같은 전문가들이 아이폰의 실패를 예상해서 이에 관한 글을 블로그에 올렸었다. 그런데도 아이폰은 공전의 대성공을 해서 스마트 시대를 열었다. 그 결과 애플은 2011년 종업원 6만여 명이 1,082억 달러의 매출을 달성했고 2012년 4월 27일에는 주식평가총액이 5,666억 달러에 이르러 세계 최고의 회사로 성장했다.

한국에도 휴대형 소형 컴퓨터로 PDA가 1996년에 개발되었고,

2001년 5월 세스컴이 59만 9천 원에 전화가 되는 PDA를 공급한 뒤 LG, 삼성 등에서 스마트폰 개발을 시도했으나 성공하지 못하고 있었다. 그런데 아이폰이 출시되자, 곧이어 구글이 안드로이드 Android를 운영체제로 쓴 스마트폰을 삼성, LG 등과 협력하여 시장에 내놓았다. 이 가운데 삼성전자가 2012년에 들어와 스마트폰 세계 시장에서 1위를 차지하게 된 뒤 애플의 아성을 위협하고 있다.

09

인터넷 시대의 물결을 타고
최단 시일에 세계적 기업이 된
구글

    마이크로소프트가 개인용 컴퓨터 소프트웨어에 몰입하여 성공하고 애플이 컴퓨터와 휴대전화를 접목해 대중의 폭발적인 지지를 받은 데 비하여 인터넷의 무한한 힘을 활용해 낸 구글은 창사 14년 만인 2011년에 3만 3천 명의 직원으로 30개국에서 380억 달러의 매출을 올리면서 세계무대를 장악하여 또 하나의 성공신화를 탄생시켰다. 구글은 거대한 숫자를 나타내는 구골Googol을 본뜬 이름인데 회사 등록 과정에서 구글로 입력되었다. 구골은 10의 100승을 나타내는데, 1에 0이 100개나 붙는 천문학적인 큰 숫자를 뜻한다.

    1995년에 미시간 대학교University of Michigan를 우등으로 졸업하고 스탠퍼드 대학원의 박사과정에 입학한 래리 페이지와 1993년에 메릴랜드 대학교University of Maryland를 우수한 성적으로 졸업하고 스탠퍼드에 들어온 세르게이 브린Sergey Brin은 신입생 오리엔테이션에서 만났지만, 처음에는 전혀 의견이 맞지 않아 서로 서먹서먹했었다. 그러나 얼마 가지 않아 두 사람은 가까워지면서 둘도 없는 단짝이 되어 함께 뜻을 모아 "대량 하이퍼텍스트Hypertext 웹 검색 엔진 분석"이라는 논문을 썼다. 페이지는 학술논문을 쓸 때 다른 논문들을 인용하는 것처럼 모든 링크가 각기 특유의 가치를 갖고 있다는 생각으로 가장 많은 수의 링크가 있는 웹 사이트가 그렇지 못한 사이트보다 더 중요하다는 논리를 전개해서 웹 페이지 순위를 정하는 랭킹 시스템을 만들었다. 그는 이 시스템을 자신의 이름을 따서 페이지랭크PageRank라고 명명했다. 이 페이지랭크에 500 변수와 20억 용어를 소화할 수 있는 세밀한 공식을 만들어 객관적으로 웹 페이지 순위를 계산하도록 했다. 페이지는 이 아이디어로 박사 학위 논문을 작성했다. 그러면서 검색 엔진도 만들어 웹 페이지와 연결되는 링크를 분석하는 데 활용했다. 이들은 새로 개발된 검색 엔진을 기숙사에 있던 소형 컴퓨터에 실어 방대한 웹 페이지 검색에 대한 실험을 시작했다. 이 실험으로 한때 스탠퍼드 대학의 컴퓨터 시스템이 장애를 일으키기까지 했으나 이들은 마침내 최고의 웹 검색 엔진을 개발할 수 있었다. 이 일을 두고 이코노미스트Economist지에서는 1444년에 구텐베르크Gutenberg가 금속활자로 인쇄하는 기술로 성경을 대량으로 인쇄해서 문예부흥의 기틀을 잡은 공적과 맞먹을 정도의 일을 해낸 것으로 평가했다.

여기서 잠깐 두 사람의 어릴 때의 환경을 살펴보자. 먼저 래리 페이지는 1973년에 미시간Michigan에서 태어났다. 아버지는 미시간 대학교에서 처음 배출한 컴퓨터 사이언스 졸업생이고 어머니도 석사 출신의 데이터베이스 분야 컨설턴트였다. 그래서 그는 어릴 때부터 컴퓨터와 과학기술잡지 속에 묻혀서 자랐고, 형의 지도로 기계의 분해와 조립을 취미로 가졌다.

한편, 세르게이 브린은 1973년에 러시아의 모스크바에서 태어난 유대인이다. 미국으로 이민해 온 뒤 어머니가 NASA의 과학자로 일하고 아버지가 수학 교수로 있어서, 브린도 부모를 닮아 수학과 컴퓨터 사이언스 분야에서 특별한 재능을 발휘하여 우등상을 받았다. 그 결과 국립과학재단으로부터 장학금을 받고 스탠퍼드대학 박사과정에 입학했다.

이들이 검색 엔진을 개발하던 1996년에는 이미 로빈 리Robin Li라는 중국 학생이 사이트 평가와 페이지 검색 순위를 찾기 위한 검색 엔진인 랭크덱스Rankdex를 개발하고 있었다. 리는 2000년에 이 랭크덱스를 써서 중국 최대의 인터넷 서비스 업체인 바이두Baidu, 百度를 설립해서 대표이사 회장으로 일하기 시작했다. 그런 것을 보면 당시의 스탠퍼드 대학교에서는 검색엔진 개발이 사람들의 관심을 끌고 있었던 것을 알 수 있다. 페이지는 만약 웹Web에서의 검색 횟수를 세어 의미를 부여할 수 있으면 웹이야말로 대단한 가치를 갖는 장소가 될 것으로 생각했다. 페이지가 백럽BackRub이라는 엔진을 만들 생각을 할 때만 해도 웹에는 천만 개 내외의 서류와 셀 수 없이 많은 서류 간의 링크가 있었다. 그러니 그런 끔찍하고 막막한 곳을 샅샅이 뒤져서 훑어내는 도구를 개발한다는 일은 워낙 엄청난 일이라 학생 수준으로는 해내기 어려운 일이었다. 그러나 다시 생각해 보면 신 나는 일이 될 수도 있었다.

페이지가 개발에 열중하자 브린도 그 프로젝트의 복잡하면서도 상상을 초월하는 규모에 매혹되고 말았다. 두 사람은 신이 나서 여러 사람과 얘기를 나누었다. 두 사람은 백럽으로 측정한 웹 페이지의 중요도를 정해 나가는 페이지랭크PageRank 알고리즘을 개발했다. 그래서 1996년 8월에 구글의 첫 번째 검색 엔진이 완성되었는데, 당시에는 스탠퍼드 대학교의 웹 사이트에서만 쓸 수 있었다.

두 사람은 친지들로부터 돈을 빌려 장비를 사고 함께 일하던 차고의 사용료를 지급하다가 1998년에 선 마이크로시스템Sun Mi-crosystems 공동창업자인 벡톨샤임Andy Bechtolsheim이 투자한 10만 달러로 구글을 설립했다. 그 뒤 두 사람은 검색 엔진을 야후Yahoo 등 기존 포털 업체에 팔려고 했는데 어떤 업체도 사려하지 않았다. 하는 수 없이 두 사람은 벤처투자자로부터 100만 달러를 투자받으려고 교섭하다가 이마저 거절당했다. 그러다가 1999년 7월 7일에야 클라이너 퍼킨스Kleiner Perkins를 비롯한 벤처 투자자를 통해 2,500만 달러의 자금 조달에 성공할 수 있었다. 2001년에 벤처투자자의 소개로 노벨Novell의 전임 회장이던 슈미트Eric Schmidt를 대표이사 회장으로 추대했다. 그리하여 한동안 슈미트, 페이지, 브린이 삼두마차로 구글을 이끌어 갔다. 슈미트의 역할은 주로 공개회사의 대표자 역할과 부사장단과 영업 팀의 관리를 맡았다. 이 회사는 2004년 8월에 나스닥에 상장했다. 그러다가 2011년 1월에 슈미트는 물러나고 페이지가 실질 경영을 맡은 CEO가 되었다. 슈미트는 그 뒤에도 회사의 대표이사 회장직과 페이지와 브린 등 창업자의 고문을 맡고 있다.

구글은 미국의 6개 데이터 센터와 핀란드와 벨기에의 센터에 있는 100만 대가 넘는 서버를 운영하면서 매일 10억 단위의 검색을 소화하고 24 페타바이트petabyte: 1,000조 바이트의 고객 데이터를 처리하고 있다. 2011년에는 싱가포르, 홍콩, 타이완 등지에도 센터를 만들기 위한 대지를 확보하고 싱가포르 데이터센터를 2013년에 완공했다. 구글의 수입모델은 90% 이상이 광고이다. 인터넷에 띄운 광고를 소비자가 본 횟수를 측정해서 건당 5센트 내외의 금액을 계산해서 수입으로 삼는다. 방대한 소비자를 전 세계에서 유인하기 위해서 검색 외에도 여러 가지 부대 서비스를 인터넷에 무료로 제공하고 있는데, 대표적인 것이 구글 어스 Google Earth, 유튜브You Tube, 사무처리 소프트웨어, 스마트폰용 운영시스템인 안드로이드, 구글 자동차 등으로 사람들을 매혹시키고 있다. 그 결과 검색 엔진의 세계 시장 점유율이 55%가 넘는데, 2위인 야후Yahoo가 13%이니 압도적이다.

10
구자경 회장이 이끈
LG 그룹의 고도 성장

1970년에 구인회 창업 회장의 뒤를 이은 구자경 회장은 1995년에 70세로 은퇴할 때까지 LG 그룹을 화학, 무역, 에너지, 전자, 전기, 컴퓨터와 통신, 전선, 소재, 유통, 건설, IT 서비스, 금융, 증권, 보험, 스포츠 등 50개사 10만 명이 일하는 대그룹으로 육성해냈다. 흔히 중소기업이 500억 원대가 넘는 매출액을 달성하면 그때부터 20%가 넘는 고도성장은 할 수 없다고 꽁무니를 뺀다. 그런데 LG 그룹은 25년간 연간 평균 22%를 성장하여 1995년에 50조 원의 매출 규모를 달성했다. 거대한 기업 그룹이 연간 22% 성장한다는 것은 대단한 일이다. 이러한 고도성장을 이뤄 내기 위하여 구자경 회장은 고객을 위한 가치창조, 인간존중의 경영을 이념으로 삼아 경영혁신활동, 기술과 제품 개발, 세계의 다극화와 토착화 등에 심혈을 기울여 추진해 왔다.

그런데 LG 그룹의 발전과정을 보면 새로운 시장과 제조 부문, 서비스 부문의 개발을 쉬지 않고 추진해 온 것을 볼 수 있다. 초기에 크림을 만들면서 글리세린을 구하지 못하여 생산을 계속하지 못한 적이 있는가 하면 깨지는 화장품 뚜껑으로 인한 고객 불만으로 고생을 했다. 글리세린을 안전하게 확보하려다 보니 비누를 만들게 되었고, 안 깨지는 뚜껑 때문에 플라스틱을 알게 되었다. 플라스틱 제품을 만들려면 금형이 필요했다. 그래서 정밀금형 기술을 개발하다가 독일의 지멘스Siemens, 일본의 후지전기富士電機 그룹과 제휴하게 되었다. 금형 기술로는 플라스틱, 프레스press, 다이캐스팅die casting, 분말야금粉末冶金, 단조, 고무, 유리 등 많은 종류가 있는데, 이의 확보는 LG화학이 플라스틱 가공산업의 패자가 되는 데 크게 기여했다. LG 그룹이 금성사LG전자를 설립해서 전자산업으로 진출할 때에도 금형기술은 크게 공헌했다. 라디오, 전화기, 선풍기 등 모든 가전기기와 통신기기의 아름다운 캐비닛이나 각종 부품의 생산에는 정밀 금형 기술이 가장 중요한 역할을 했다. 지금도 마찬가지이다. 소비자의 눈높이가 높아지면서 스마트폰의 재질과 촉감이 소비자의 구매의욕을 좌우하는데, 이런 소비자의 기호를 빠른 속도로 맞추어 내려면 정밀금형 기술이 꼭 필요하다. 정밀금형가공기술을 확보하면서 가전, 산업전자, 통신기기 산업 분야에서도 LG전자가 업계를 이끌게 되었다. 이런 과정에서 LG 그룹은 가전기기 및 엘리베이터에서 일본의 히타치日立製作所, 산업용 전기기기에서 후지전기, 유무선 통신에서 일본전기NEC와 독일의 지멘스, 미국의 AT&T, 정유에서 칼텍스Caltex, 컴퓨터에서 하니웰Honeywell과 IBM, 정보서비스에서 EDS 등 각 분야의 세계 정상급 회사들과 합작해서 시장을 확보해 나갔다.

한편, 플라스틱 원료의 안전한 확보에 애쓰던 LG화학은 석유정제와 석유화학산업으로도 진출한다. 정유와 석유화학 부문에서도 초기에는 칼텍스나 일본제온日本ゼオン, B.F. 굿리치B.F. Goodrich, 일본 합성고무 등과 기술제휴를 했는데, 지금은 해외에 생산기지를 만들거나 기술을 수출하는 수준이 되었다. 무역, IT, 보험, 증권, 금융, 유통 산업에의 진출도 화학과 전자의 연관업무로 착수한 것이다. 사업을 키우려면 다각경영을 하게 마련인데, 다각경영을 위한 수직적인 전개와 수평적인 전개를 모두 성공적으로 추진한 것이 LG 그룹의 모습이다.

LG 그룹은 해마다 수백 건이 넘는 사업 계획서를 검토해서 많은 사업을 전개해 왔는데 모두 현재 하는 사업을 중심으로 이에 직간접으로 연관되는 사업 분야로 확장하고 있다. LG 그룹에서는 매년 컨센서스 미팅Consensus Meeting이라고 하여 각 사의 사업 계획과 진척상황을 검토하는 회의를 연다. 이 자리에는 LG 그룹 회장과 참모진이 참석한 자리에서 각 계열사 사장과 임원이 경영환경, 실행 전략, 투자 재원 조달 계획, 경영목표, 현안 과제 등을 중심으로 사업실적과 계획을 보고하면서 여러 시간을 진지하게 토의한다. 이런 모임에 앞서서 각 계열사에서는 부문 또는 사업부별로 비슷한 주제로 사장과 협의한다. 일단 회장과 합의되면 합의서에 회장과 사장이 공개적으로 서명하고 사업의 추진이 사장에게 위임된다. 물론 분기마다 사업목표의 진척도를 파악하고 대책을 강구하는 회의도 열게 되어 있다. 구자경 회장이 이끈 LG 그룹의 고도성장은 이런 체계적인 제도운영을 지속적으로 전개한 데에서 이루어 낸 성과라 해도 과언이 아닐 것이다.

제 2 장

성공 요인과
사업 계획
수립 방법

01

인생의 3단계와
사업 계획

　무릇 사람의 일생을 3단계로 나누어 볼 수 있다. 이 세상에 태어난 뒤 사람은 제1단계에서 많은 것을 배운다. 먼저 음식을 먹는 법부터 배우다가 차차 친구들과 노는 법을 배우고 글을 깨우친다. 이렇게 30년가량을 살면서 더러 박사가 되기도 하고, 세상에 으뜸이 되는 재주나 기량을 닦기도 하지만, 대부분 성년이 되어 직업을 가진다. 직업을 가지고 일하는 시기를 인생의 제2단계라고 한다. 이 기간에 사람들은 재산을 모은다. 회갑 후의 30년이 인생의 제3단계라 할 수 있는데, 제2단계에서 일을 열심히 한 덕에 생계에 신경 쓰지 않고 이웃과 사회에 도움을 줄 수 있는 생활을 보낼 수 있으면 그보다 좋은 일은 없을 것이다.

　인생의 제2단계에는 많은 사업을 추진한다. 조직에 속한 공무원이나 회사원은 말할 것도 없고 시장에서 일하는 사람도 사업을 하기 마련이다. 그런데 사업에서 성공하기가 그렇게 쉽기만 한 것은 아니다. 사업을 시작하려면 그 사업으로 창출하려는 가치가 무엇인지부터 분명하게 설정해야 한다. 설렁탕 집을 열더라도 목표가 뚜렷해야 장사가 잘될 것이다. "그 집에 가면 없던 입맛도 다시 나고, 시원한 국물이 일품이다. 주인을 비롯한 종업원들도 청결하고 항상 미소를 띠며 친절하다"는 입소문이 나면 손님들은 줄지어 그 식당을 찾는다. 잔뜩 기대하고 찾아온 손님을 한 번이라도 실망시키면 그 가게의 평판이나 신용은 바닥으로 떨어진다. 그러니 사업을 어떻게 해야 하는가에 대한 계획을 사전에 치밀하게 짜고 쉽게 변경해서는 안 된다.

창업에는 일정한 절차가 있게 마련이다. 먼저, 좋은 아이디어가 있어야 한다. 누구나 할 수 있는 일이라면 좋은 아이디어라고 할 수 없다. 나만이 할 수 있고 아무나 따라 할 수 없어야만 오래 할 수 있다. 더러 좋은 아이디어가 생겼다고 사업 계획도 세우지 않고 바로 자기나 친척 또는 친지의 돈을 모아 사업에 착수하여 많은 시행착오를 겪으면서 고생하는 것을 자주 본다. 대체로 아이디어만으로 사업에 착수하면 대부분 실패하고 만다. 필자도 가까운 친척들의 좋은 아이디어와 권고에 따라 사업을 지원하다가 세 번이나 실패 한 적이 있었다. 그때마다 이번에는 잘해야 한다고 여러 가지 챙기고 따졌는데도 실패하고 말았다.

사업의 아이디어, 고객과 생산기술 및 조직의 확보가 잘되었다고 생각하여 착수했으나 몇 년 지나지 않아 빚투성이가 되어,

살던 집마저 빚으로 넘어가는 비참한 경험을 한 적이 있었다. 그 시절에 사업의 어려움을 극복하고 성공할 수 있는 비법을 알았더라면, 그런 피눈물 나는 고생을 하지 않아도 되었을 것이라고 지금도 아쉬워하고 있다. 생각해 보면 제대로 사업 계획을 수립하고 사업 경험이 있는 분을 찾아가서 조언을 받았더라면 그래도 성공할 여지가 있었을 것이라고 후회해 보지만, 이미 돌이킬 수 없는 일이 되어 버렸다. 불행 중 다행으로 LG 그룹에서 일하면서 배운 것이 사업 계획 수립과 성공적인 사업추진 방법이 되었다.

공무원이나 회사원도 국가나 회사에 이익이 된다는 것을 구체적으로 설득력 있게 설명할 수 있어야 사업승인을 받아 예산을 확보하여 그 사업을 추진할 수 있다. 마찬가지로 개인이 벌이는 사업에서도 모든 일에 앞서는 것이 사업 계획이다.

02
성공 요건

많은 선각자가 성공하기 위한 필수조건에 대해 말한다. 애플의 스티브 잡스도 죽기 전에 다음과 같이 강조했다. 그의 말투는 날카롭다. 감히 이의를 받아들이지 않을 표정으로 단호하게 말을 이어가는 스타일이다.

"우리는 엄청나게 힘든 일을 해 나가야 하므로 모든 열정Passion을 쏟아야 한다. 모든 열정을 쏟지 못하는 보통 사람은 사업을 그만두어야 한다. 재미를 못 느끼고 애정이 없으면 곧잘 그만둔다. 실제로 대부분의 사람이 그런 경험을 한다. 이 세상 사람들 눈에 성공했다고 보이는 사람들은 모두 자기가 하는 일을 사랑하고 있다. 그래야만 힘들어도 견딜 수 있기 때문이다. 손댄 일을 사랑하지 않는다면 일찌감치 그만두어라. 애정이 없는데 누가 이런 짓을 하겠나? 엄청나게 힘든 일이라 항상 걱정을 많이 해야 한다. 애정이 없다면 실패하고 말지."

카리스마가 있는 경영자는 언제나 지독하게 사람들을 몰아붙인다. 빌 게이츠도 툭하면 직원들에게 소리쳤다. "그건 정말 제일 멍청한 소리야!", "나라면 주말까지 끝낸다." 그는 언젠가 인터뷰에서 말했다. "아침마다 깨어나면 전 세계에 내가 생각하고 있는 아이디어와 같은 것을 생각하고 일을 시작하는 사람이 수만 명이 있을 것이라는 강박관념에 시달린다"고. 남산에 있는 힐튼 호텔에서 90년대 초에 그는 필자에게 말했다. "저의 성공비결은 인터넷입니다. 매일 수십 통의 메일을 받고 회답을 하지요. 하루에 네 시간 이상을 사람들과 인터넷으로 의사소통하면서 많은 일을 깨닫습니다." 그만큼 게이츠는 광범위한 사람들과 전자 속도로 의사소통을 했었다.

미국의 저명한 경영 컨설턴트인 톰슨David G. Thomson은 1980년 이후에 미국에서 주식상장IPO, Initial Public Offering을 하고 10억 달러약 1조 원 회사가 된 387개사에 대한 성장요인을 분석하여 쓴 그의 베스트셀러 『10억을 달성하기 위한 설계서Blueprint to a Billion: 7 Essentials to Achieve Exponential Growth』에서 성공의 비결로 다음과 같이 일곱 가지를 열거했다.

1. 큰 꿈을 실현할 아이디어Big Idea: 획기적인 가치 창출 제안 Breakthrough Value Proposition
2. 고성장 분야 시장 개발Exploit a High-Growth Market Segment
3. 수익 원천이 될 대형 고객의 확보Marquee Customers Shape the Rev-

enue Powerhouse

4. 신규 시장 진입에 대형 협력업체를 활용Leverage Big Brother Alliances for Breaking into New Markets

5. 기하급수적으로 증가하는 수익을 확보할 수 있는 능력Become the Masters of Exponential Returns

6. 경영진: 사내-사외 지도력The Management Team: Inside-Outside Leadership

7. 성장 요건별 전문가로 구성한 이사회The Board: Comprised of Essentials Experts

톰슨은 이런 일곱 가지 요건을 유기적으로 엮어서 활용해야만 지속적인 고성장을 할 수 있다고 구체적인 사례를 들어 역설하고 있다. 일반적으로 보면 좋은 아이디어를 갖고도 기업화에 성공하는 경우는 50분의 1이고 그 뒤 주식 상장을 해낸 회사는 다시 20분의 1이니 아이디어의 1,000분의 1밖에 되지 않는다 했다. 주식 상장에 성공한 회사 가운데 10억 달러1조 원 회사로 성장하는 것은 상장사의 20분의 1 정도이니 좋은 아이디어 2만 건 가운데 하나꼴이 된다. 미국의 고성장 회사 가운데 창업 후 4년 만에 10억 달러 회사가 된 곳으로 브로드컴Broadcom, 시스코Cisco, 구글, 이베이eBay 등이 있고 6년 만에 된 회사로 마이크로소프트, 스타벅스Starbucks 등이 있다고 했다. 애플 같은 회사는 한 번 망했다가 다시 일어서서 세계 제일이 되었다.

국내의 소프트웨어 업계에서 살펴보면 게임 콘텐츠를 개발한 엔엑스씨NXC가 1994년에 창업해서 2011년에 1조 2천640억 원의 매출을 올렸고, NHN이 1999년에 창업해서 2조 1천474억 원의 매출을 올렸다. 그러나 게임을 제외한 소프트웨어 업계에서는 아직 그런 눈부신 업적을 올린 곳이 눈에 띄지 않는다. 정보처리와 시스템 통합 분야에서는 필자가 만든 LG CNS가 2011년에 3조 2천억 원의 매출을 올리고 있는데 이것도 세계제일인 IBM의 1천69억 달러에 비하면 30분의 1 수준에 지나지 않는다. 더욱 지원해서 세계 시장을 주도할 수 있도록 만들어야 할 일이다. 그런데도 한국에서는 여러 가지로 규제를 해서 성장의 발목을 잡고 있으니 세계적으로 그런 사례를 보지 못한다. 참으로 안타까운 일이다.

03

큰 고객이나 전략적 파트너를
확보하는 일

　좋은 아이디어를 모처럼 찾아내어 사업을 시작하더라도 그 사업이 쉽게 정착할 수 있으려면 큰 고객이나 전략적 파트너를 확보해야 한다. 마이크로소프트가 크게 성공한 데에는 개인용 컴퓨터의 운영체제인 SCP의 CP/M을 사서 IBM에 제공한 것이 계기가 되었다고 했다. 그러나 빌 게이츠가 소유권을 IBM에 넘겼다면 그 뒤의 성장은 불가능했을 것이다. 빌 게이츠는 IBM을 큰 고객으로 확보하면서도 이를 계기로 세계 각지의 컴퓨터 제조업체에 운영체제를 유가로 공급해 나갔다.

　구글은 처음 검색 엔진을 스탠퍼드 대학교 안에서만 사용했다. 그러다가 대량의 사용자를 일거에 확보하기 위해 타임워너Time Warner 그룹의 AOL아메리칸 온라인, American Online에 검색 엔진을 제공하는 계약을 2002년 5월 1일에 체결했다. 그렇게 함으로써 세계 최대의 인터넷 서비스 회사인 AOL은 가입자에게 최강의 검색 엔진을 제공하고 이에 따른 유료 광고 게재를 할 수 있게 되었고, 구글은 일거에 3천4백만 명의 AOL가입자와 수천만 명의 방문객을 확보할 수 있었다. AOL 산하에는 에이오엘닷컴AOL.COM, 넷스케이프Netscape, 컴퓨서브CompuServe가 제공하는 각종 서비스가 있었다. 이 계약을 다시 2005년 12월에 연장하면서, 구글이 AOL에 5% 지분에 해당하는 10억 달러를 투자하여 관계가 더욱 긴밀해졌다. 2010년 9월 2일 5년간 계약을 갱신할 때 구글의 이동 검색과 유튜브 동영상 서비스마저 포함하면서 AOL 가입자는 세계 최상의 자료 검색과 광고 검색을 함께할 수 있게 되었다. 구글의 입장에서 보면 큰 고객과 전략적 협력업체를 창사 이래 지금까지 계속해서 확보한 셈이 된다.

제조 시설이 없는 구글이 안드로이드를 무기로 스마트폰 업계에 진출하면서 전화기를 제조하기 위해 먼저 찾은 곳이 대만의 HTC였다. HTC는 1997년에 노트북 컴퓨터를 만들기 시작했다. 그러다가 1998년에 터치스크린 식 무선 휴대기기를 세계 최초로 개발하고 2005년에 스마트폰과 3세대 전화기를 개발하다가 2011년 삼사 분기에는 미국 스마트폰의 24%를 만들어 공급했다. 이는 삼성전자의 21%, 애플의 20%보다 훨씬 많은데, HTC는 여러 통신 회사에 기기를 공급하여 2011년에 95억 달러, 2012년에 2천707억 타이완 달러TWD, 약 US$93억의 매출을 올렸다. 스마트폰 시장에서의 특허 전쟁이 애플에 의해 전개되자, 구글은 HTC에 모토로라의 특허 4종을 포함한 9종의 특허를 제공하면서 안드로이드 진영을 위한 특허 전쟁을 전개하도록 했다. 그러면서 구글 자체의 스마트폰인 넥서스NEXUS의 제조를 HTC, 삼성전자와 LG전자에 부탁했다. 삼성전자가 갤럭시S로 신제품 개발에 앞서 나가자 구글은 삼성전자와 제휴하여 안드로이드 최신 운영체제를 실은 스마트폰을 개발한다. 이처럼 구글의 세계전략에는 대만의 HTC, 한국의 삼성전자, 미국의 모토로라, 일본의 소니 등이 협력업체로 계속 등장하고 있다. 그러다가 구글은 마이크로소프트와 애플에 대항하여 특허방어를 위해 모토로라 모빌리티Motorola Mobility를 현금 125억 달러13조 5천억 원에 인수하였다.

한편, 애플은 모든 기기에 하나의 설계구조Architecture를 통일해서 적용한다. 화면 배치나 아이콘icon 디자인이 애플이 제공하려는 생태계에 잘 어울리고 기기 상호 간에 잘 연동하도록 치밀하게 챙겨서 만든다. 전화기, 태블릿, 컴퓨터, 심지어 텔레비전에 이르기까지 그 기능조작을 한결같이 쉽게 만든다. 그래서 애플 제품을 사면 사용자는 멋지게 통합된 서비스를 받을 수 있다. 다른 어떤 회사도 아직은 그런 경지에 이르지 못하고 있다. 애플의 제품에 쓰이는 부품은 전 세계 최고이면서 값도 저렴한 것이 특징이다. 애플은 자기가 만든 설계구조에 따라 대만의 폭스콘에 조립생산을 의뢰한다. 폭스콘은 혼하이정밀공업鴻海精密工業 股份有限公司이라는 이름으로 1974년에 대만에서 창업된 전자기기제조회사이다. 2011년 매출액이 1,027억 달러, 순이익 26억 달러를 대만과 중국 본토의 9개 도시에 있는 13개 공장과 아세아, 유럽 및 남미의 여러 공장에서 120만 명의 종업원으로 해내고 있다. 현재까지는 세계에서도 유수한 전자기기 제조업체이자 중국 최대의 수출업체이다. 미국, 유럽, 일본의 전자기기 및 정보기기 업체들의 제품을 OEM주문자 상표 부착품, Original Equipment Manufacturing으로 맡아서 빠른 속도로 생산하고 있는데, 애플의 아이패드, 아이폰, 아마존의 킨들, 소니Sony의 플레이스테이션Playstation, 마이크로소프트의 엑스박스 360Xbox 360 등을 위탁받아 제조하고 있다. 홍콩의 북부에 있는 셴젠Shenzhen, 深圳에 첫 공장을 건설한 뒤 인텔의 기판 생산을 시작하다가 전 세계의 전자업체 공장을 인수해 가면서 그 규모가 거대해졌다. 2012년에 일본의 샤프Sharp의 주식 10%를 8억 6백만 달러에 인수하고 샤프의 사카이堺 공장에서 생산하는 LCD 패널의 50%를 사고 있다.

애플의 기기들이 날개 돋친 듯 팔려나가자 미국 내 여론이 들끓었다. 미국 내의 고용을 늘리지 않고 중국의 일자리만 제공하고 있다는 비난이었다. 그러나 애플은 중국의 노동 시장이 미국에 비해 훨씬 유연하고 부지런하며 기술 수준이 높기 때문이라고 단호하게 해명했다. 그 한 예로 애플의 신제품 사양을 변경할 필요가 있을 때, 미국 같으면 1주일 정도 걸릴 일인데도 중국 공장은 4시간이면 해낼 수 있다고 했다. 애플은 폭스콘 같은 제조업체를 중심으로 중국의 산업단지를 활용하여 국제경쟁력을 키우고 있다.

　세계적으로 앞서 가는 회사를 전략적 파트너로 삼으면 많은
면에서 도움이 된다. 필자가 일해 온 LG 그룹은 그런 면에서는 세
계적으로 모범을 보인 그룹이다. 외국계 회사들은 합작할 때에
주식지분을 50% 이상 보유하려고 한다. LG 그룹은 그런 조건을
마다치 않고 인연을 맺는다. 주식지분이 동등하다는 것은 합작
당사자 가운데 어느 한 쪽도 일방적으로 결정할 수 없어서 추진
력이 약해지는 결함이 있을 수 있다. LG 그룹은 그런데도 5대 5의
대등한 동업관계를 맺었다. 전선사업에서 히타치전선과 합작했
고, 통신사업에서 지멘스Siemens, AT&T, 일본전기 등과 합작했다.
정유사업에서도 지금의 셰브런Chevron의 전신인 칼텍스Caltex와 합
작했다. 필자가 만든 LG CNS도 미국의 EDS와 5대5로 합작했다.
그런데 문제가 있을 것 같은데도 큰 말썽이 생기지 않았다. 그 이
유는 합작하는 쌍방이 서로 신뢰할 수 있도록 모든 것을 투명하
게 약속을 지키면서 일해 나갔기 때문이다. 이런 전략적 파트너
는 선진 기술 확보, 세계 수준 경영방식, 시설 및 운영 자금의 제
공, 일류 인재의 교류 등의 효과를 가져다주었다.

04

이익 계획을 세우는 데
큰 도움을 주는
손익분기점 분석

손익분기점Break Even Point: BEP 분석을 적용해서 매출규모에 따른 손익변동을 따지는 것은 신제품을 출시할 때, 사업부별 손익분석을 할 때, 지점을 개설할 때 등 여러 가지 일을 벌일 때에 도움이 된다. 손익분기점이란 일정한 기간에 제품을 생산하기 위해 지출된 총비용을 감당해 내려면 생산량이 얼마나 되어야 하는지를 한눈에 알 수 있게 해 주는 분석 방식이다. 생산량을 팔아서 들어오는 수입과 이에 관련되는 지출이 균형을 잡으려면 얼마나 많이 팔아야 하는지 알 수 있게 해 준다.

사업하려면 목돈이 들어가거나 생산하는 데 비례해서 들어가는 비용이 있기 마련이다. 모든 비용은 크게 고정비固定費와 변동비變動費로 나눌 수 있는데, 고정비는 글자 그대로 매출액의 증감과는 관계없이 처음부터 일정하게 지출되는 비용이고 변동비는 매출액의 증감에 따라 비례해서 증감하는 비용을 말한다. 고정비나 변동비 가운데는 준고정비나 준변동비 같은 약간의 변형이 있어서 명확하게 구분할 수 없는 경우도 생긴다. 그러나 일반적으로는 그런 것을 무시하고 계산을 해도 큰 지장을 주지 않는다.

　고정비에는 감가상각비, 보험료, 임차료, 유지보수비, 간접 인건비, 연구개발비, 지급이자 등이 들어가고 변동비에는 주로 재료비, 위탁가공비, 포장비, 운반비, 판매수수료, 직접 인건비, 소모품비 등이 포함된다. 매출액이나 생산액의 증가를 감당하기 위해 기계 시설을 증설하거나 공장을 증축하는 경우에는 다시 고정비가 크게 증가하기 때문에 손익분기점이 높아지고, 재료비의 단가가 크게 하락하면 제품단위당 공헌이익이 커져서 손익분기점이 내려간다. 아래의 손익분기점 분석 도표는 증설이 일어난 경우의 손익분기점 매출액과 비용의 상관관계를 도식화해서 알기 쉽게 보여 준다.

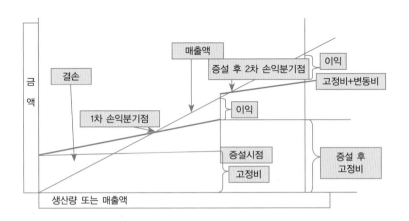

매출액에서 변동비를 뺀 것을 공헌이익contribution margin이라 하고 제품 단위당 공헌이익contribution margin per unit, 공헌이익률contribution margin ratio: CM%과 함께 집중적으로 관리하면 크게 도움받을 수 있다. 참고로 손익분기점을 계산하는 산식을 적어둔다.

$$P = F/(1 - V/S)$$ *F: 고정비, V: 변동비, S: 매출액

락희화학의 손익분기점 분석 보고를 한 자리에서 박승찬 부사장이 수첩을 꺼내어 자금분기점이라는 개념도 있다고 귀띔해주었다. 자금의 흐름을 고정자금과 유동자금으로 분석해서 자금수지가 균형을 갖는 시점의 매출액을 알아보는 방식이었다. 당시 세계적으로 자금 사정이 악화하던 때라 이 개념 역시 잘 쓸 수 있었다.

05

사업 계획을 수립할 때 많이 쓰는 사업 모델 캔버스

제
2
장

사업을 시작할 때에는 사업 모델을 체계적으로 따져 볼 필요가 있다는 것은 이미 누차 강조했다. 이를 위해서 많은 수단을 소개하고 있는데, 그 하나가 미국의 경영 컨설턴트, 오스터왈더Alexander Osterwalder 박사가 2010년에 발표해서 지금까지 세계적으로 널리 쓰이고 있는 "사업 모델 캔버스Business Model Canvas(이후 캔버스로 약칭)"이다. 이 캔버스는 새로운 사업이나 기존 사업의 성격을 파악하여 혁신하는 일에 큰 도움을 준다.

캔버스에서는 화이트보드White board에 기업의 기반구조Infrastructure, 가치제안Value Proposition, 고객Customers, 재무구조Financials 등에 대한 혁신 아이디어를 적은 쪽지를 시각적으로 잘 보이게 붙여 나가면서 참석한 사람들이 분임 토의를 통해 개혁해야 할 사

성공 요인과 사업 계획 수립 방법 77

항을 열거하고 그 중요도를 평가해서 정리한다. 특히 경영학을 전공하지 않은 사람도 참가할 수 있도록, 검토해야 할 항목을 다음과 같이 구체적으로 열거했다. 캔버스는 이해하기 쉬우므로 전 세계적으로 새로운 사업을 시작하려는 사람들이 활용하고 있다.

1) 먼저 사업의 기반구조Infrastructure를 검토한다. 이때에 토의할 주제는 다음과 같다.

- 핵심 활동Key Activities: 사업의 핵심적인 활동은 무엇인가? 어떤 가치를 고객에게 제공할 것인가?
- 핵심 자원Key Resources: 사업을 유지해 나가는 데 필요한 자원은 무엇이며, 언제 얼마가 필요한가? 인력, 자금, 물자와 특허 같은 지적 자원은 얼마나 필요한가?
- 핵심 협력업체Key Partners: 사업을 잘 운영해 나가고 위험을 줄이기 위해 누구와 함께 일할 것인가? 특히 판매와 구매를 도와줄 협력업체를 어떻게 확보할 것인가? 어떤 업체를 합작투자나 전략적 협력관계를 통해 확보해 나갈 것인가?

2) 고객에게 공급할 제품이나 서비스는 무엇인가? (Offering)

- 가치 제안Value Proposition: 고객이 만족하고 이익을 볼 수 있는 제품과 서비스

경쟁업체보다 참신하고 우수한 성능을 갖추면서 멋진 디

자인에 품질이 좋은 것을 싼 가격에 공급할 수 있어야 한다. 사용하기 간편하면서도 위험성이 없는 것이라야 한다. 명품으로 브랜드 이미지가 높으면 고객의 품격을 높이고 자존심을 만족하게 할 수 있을 것이다. 필자의 생각으로는 고객은 가볍고輕, 가지고 다닐 수 있으며動, 기능이 많고多, 큰 용량大을 수용하며, 값이 싸면서廉, 아름다워서美 갖고 다니는 것이 자랑스러운 것을 선호한다. 무엇보다도 중요한 것은 고객이 쉽게 쓸 수 있어서 친親구처럼 가까이할 수 있어야 한다. 제품만이 아니라 서비스에 있어서도 같은 원칙을 적용할 수 있다.

3) 고객분류Customer Segments를 어떻게 할 것인가?

대량판매 시장Mass Market을 추구할 것인지, 또는 틈새 시장 Niche Market을 개척할 것인지에 따라 판매 전략을 달리해야 한다. 성별, 연령별, 소득수준별 등으로 고객계층을 다시 분류할 수 있는데, 때로는 여러 개의 고객계층을 한꺼번에 상대해야 할 경우도 생기며 어떤 고객층을 상대하는가에 따라 경영전략이 달라지게 마련이다.

4) 판매경로Channels는 어떻게 구축할 것인가?

신속하고, 효과적이며 비용이 적게 드는 판매경로를 선택할 수 있으면 그보다 나은 것은 없을 것이다. 직영점을 통해 직접 팔 것인지 판매대리점을 모집해서 팔 것인지 또는 방문판매를 통할 것인지 비용과 효과를 따져서 체계적으로 모색해야 한다.

5) 고객과의 관계Customer Relationship를 어떻게 구축할 것인가?
사업을 오래 해 나가려면 무엇보다도 고객을 잘 접대해야 한다. 직접 만나면서 접대할 것인지, 고객의 요구를 전담할 판매원을 배치할 것인지를 먼저 생각해 보아야 한다. 경우에 따라서는 고객이 스스로 문제를 해결할 수 있도록 셀프 서비스 시스템을 구축하거나 자동화를 해야 하며, 클럽이나 동호인모임 같은 동아리를 만들어 고객 간에 지식을 공유하고 문제 해결을 할 수 있도록 돕는 제도도 생각해 볼 만한 일이다.

6) 재무Finances 면에서는 가격 위주로 경쟁할 것인지 아니면 가격보다는 고객에게 제공할 수 있는 가치를 제고하는 방향으로 사업을 운영할 것인지를 미리 정하면 전략을 수립하는 데 도움이 된다. 미국의 사우스웨스트항공SouthWest Airline은 철저히 원가를 줄여서 가장 싼 요금으로 여행할 수 있는 시스템을 만들어 승객들을 만족하게 해 성공했다. 이와는 달리 루이뷔통Louis Vuitton이나 롤렉스Rolex같은 곳은 명품을 제공하여 고객의 품격을 올리고 자존심을 만족시키는

방향으로 제품을 개발하고 있다. 원가를 낮추기 위해서는 매출에 관계없이 고정적으로 지출되는 비용인 고정비Fixed Costs와 매출에 따라 변동하는 변동비Variable Costs를 절감해야 하는데 각각 적용할 방법이 다르다. 손익분기점을 파악해서 원가절감과 함께 규모의 경제를 참작해서 경영 활동을 하는 것이 좋다.

7) 각각의 고객층으로부터 수익을 받아들이는 형태Revenue Streams도 잘 설계해야 한다. 아래와 같은 유형을 참조해 보자.

- 물품 판매Asset Sale - 일반적인 상행위. 물품의 소유권을 넘기면서 수익을 얻음
- 사용료Usage Fee - 사용량이나 계속된 서비스에 따라 생기는 수익
- 가맹료Subscription Fees - 일정 서비스를 계속해서 제공하기로 하고 받는 회원제도에 따른 수익
- 임대료Lending/Leasing/Renting - 일정 기간에 자산의 사용 권한을 허용하면서 생기는 수익
- 면허료Licensing - 지적재산권이나 특허를 사용하는 데 따른 수익
- 중개료Brokerage Fees - 파는 사람과 사는 사람 사이에서 거래를 소개하면서 생기는 수수료

● 광고료Advertising − 상품 광고를 통한 수익

　　오스터왈더 박사가 제시한 사업 모델 캔버스는 이상의 내용으로 되어 있지만, 조직Organization, 자금조달 방법Fund raising, 정보시스템IT Systems, 리더십Leadership, 기업문화Culture 등 몇 가지를 더 추가해서 따져 볼 필요가 있다. 여럿이 분임 토의를 하면서 사업추진에 필요한 혁신과제와 해결책을 도출하고 이를 지속적으로 진지하게 논의하는 것이 가장 중요하다. 어려운 용어를 구사할 것이 아니라 누구나 알아들을 수 있고 실천 가능한 일을 찾아내는 것이 긴요하다. 그래서 오스터왈더 박사는 몇 명의 동료와 캔버스 이론을 계속해서 보완하고 있다.

　　구태의연한 회사에서는 새로운 아이디어들이 묵살되는 경우가 많은데, 이런 일을 막기 위해서라도 캔버스를 써 보는 것이 효과적이다.

Business Model Canvas
(화이트보드에 쪽지를 붙인 모습)

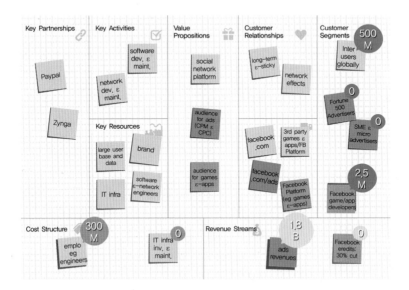

06

사업 계획서
작성 요령

사업 계획서는 무엇 때문에 작성해야 하는가? 사업 계획서는 넓은 대양을 건너서 항해하려는 선장이 성공적으로 목적지에 도착하기 위해 만드는 항해계획서와 비슷하다. 순조롭게 항해할 때에도 식량과 연료를 공급받을 장소와 방법을 사전에 계획해야 하는데, 폭풍으로 바다가 거칠어질 때를 대비하여 사전 준비를 철저히 해야 무사하게 항해를 마칠 수 있다. 선원과 선객의 안전과 건강에 대한 준비가 있어야 함은 말할 것도 없다.

사업 계획을 작성하는 이유는 먼저 사업을 하려는 본인 스스로 다음과 같은 사항을 재삼 확인해야 하고 함께 일하려는 동료나 그 사업을 거들어 줄 이해관계자와 합의를 이끌어 내어야 하기 때문이다.

① 고객이 누구이며 어떤 사람들인가?

② 고객이 돈을 주고 사려는 제품이나 서비스의 매력이나 이득은 무엇인가?

③ 고객이 돈을 지급하는 방법은 어떤 식으로 할 것인가?

④ 제품이나 서비스를 고객에게 어떻게 전달할 것인가?

⑤ 경쟁자는 누구이며 이를 이기려면 어떻게 해야 할 것인가?

이러한 확인에 대하여 먼저 스스로 확신이 서야 하고 그런 다음에 이 사업에 동참하려는 사람들을 납득시켜야 하기 때문에 사업 계획서는 조리가 있고 알아듣기 쉽게 정리되어야 한다. 특히 자금조달을 하거나 전략적인 제휴를 추구할 때 그리고 협력업체나 관련기관의 찬동을 얻으려면 누구나 알기 쉬운 용어를 써서 간결하게 작성해야 한다. 이는 함께 일할 인재를 모집할 때에도 마찬가지이다.

사업 계획서에 담아야 할 사항은 다음과 같은 것이 보편적으로 요구되는데, 필요에 따라 적절히 가감하면 될 것이다.

① 목차

② 사업 계획 개요Executive Summary

③ 회사소개연혁 포함

④ 사업의 기회 설명과 경제적 효과 및 고객에 대한 가치창조 내용 설명

⑤ 제품/서비스 설명

⑥ 시장조사 및 분석

⑦ 경쟁 분석과 대책

⑧ 특허와 지적재산권

⑨ 마케팅 계획

⑩ 디자인/개발 계획

⑪ 연구 개발 계획

⑫ 생산 및 운영 계획

⑬ 경영진

⑭ 일정계획

⑮ 예상 문제점 및 위험도

⑯ 재무 계획과 재무 계획 작성 근거

⑰ 출구 계획Exit Plan 및 투자금의 상환 계획

⑱ 부록

표지에는 작성자명, 회사명, 작성연월일, 연락처전화번호, email 주소, 우편 주소 등, 작성 부수 및 번호, 비밀준수 사항 등을 표시해 두어야 한다.

사업 계획서를 작성할 때 반드시 피해야 할 사항으로 다음과 같은 것을 유념해야 한다.

① 이해하기 어려운 설명
② 시장 또는 기술 특유의 전문 용어의 사용
③ 근거가 희박한 낙관적인 예측
④ 지루하게 설명이 많음
⑤ 내 기술이 제일이니 판매는 문제가 없다는 오만한 표현
⑥ 오자, 틀린 문법, 서툰 문장과 안 좋은 재질의 인쇄

미국 MIT의 햇지머Joe Hadzjima교수가 창업활동을 돕기 위한 강좌 오픈 코스Open Course에서 제시한 사업관련 설명에 관한 단계별 내용과 분량에 대한 도표가 있어서 아래에 소개한다. 참고하면 큰 도움이 될 것이다.

이 도표에 의하면 재무계획Financial Projections, 기술Technology, 지적재산권Intellectual Property, 시장분석Market Analysis, 경쟁분석Competitive Analysis, 판매와 배송Sales and Distribution, 경영진Team 등에 관한 자료를 먼저 준비한 뒤, 사업 계획 본론 20~30페이지, 이를 요약한 화상설명자료PowerPoint Presentation 10~15분, 요약서Executive Summary 2~5페이지를 준비하고 투자가를 유치하기 위한 엘리베이터 스피치Elevator Speech 30초, 사업의 사명/비전 설명Mission/Vision Statement 1절Paragraph을 준비할 것을 권하고 있다.

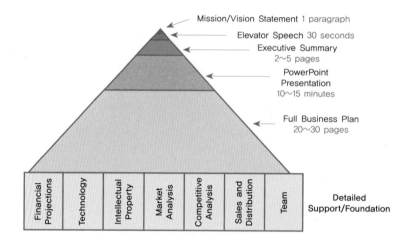

MIT 오픈 코스: 햇지머 교수의
비즈니스 기초 계획

Mission/Vision Statement 1 paragraph

Elevator Speech 30 seconds

Executive Summary
2~5 pages

PowerPoint
Presentation
10~15 minutes

Full Business Plan
20~30 pages

Financial Projections | Technology | Intellectual Property | Market Analysis | Competitive Analysis | Sales and Distribution | Team

Detailed
Support/Foundation

07
사업자금을
마련하려면

　사업을 추진하려면 자금이 필요하다. 일반적으로 사람들은 애써 저축해 놓은 자금을 털어 넣거나 가까운 친척이나 친지의 돈을 끌어다 투입한다. 그러나 매력적인 사업모델을 개발하면 전혀 그런 돈을 끌어댈 필요가 없다. 먼저 치밀하게 사업 계획을 수립하여 투자가를 만나 설명을 하고 출자를 받는 것이 좋다. 그러면 실력이 있는 투자가는 많은 질문을 하면서 사업의 성공 가능성을 따져 준다. 사업 성공을 위한 많은 조언을 받으면서 투자까지 받으면 일석이조가 아닌가?

　벤처기업이 속출하는 미국의 실리콘밸리 같은 곳에서는 하루에도 몇십 건의 투자 상담이 일어나고 있다. 그런데 실력이 있는 투자가들은 너나 할 것 없이 바쁘다. 실리콘밸리의 유명한 투자가인 론 콘웨이Ron Conway는 한 달에 150개 내외의 투자제안을 받고 그 가운데 1개에 투자한다고 했다. 그래서 지난 2년간 투자한 회사 가운데 3분의 1은 망하고, 3분의 1은 본전 정도를 찾고, 나머지 3분의 1이 3~10배의 수익을 가져다주는데 그 가운데에서 하나 정도가 히트해서 대박을 치고 있다고 했다. 일반적으로 20-6-3-1의 비율로 투자하기 전의 검토 단계에서 대상 회사를 걸러낸다. 20개 회사의 설명을 듣고, 그 가운데 6개 사 정도를 만나 구체적으로 논의한 뒤 3개 회사 정도를 실사Due Diligence를 거쳐 선정한 한 회사에 투자한다는 얘기다. 그만큼 사업에 투자하기가 어렵다는 말이다. 이런 투자가들은 까다로운 심사 기준을 갖고 있는데, 사업하려면 그런 투자가의 심사에 우선 합격해야 한다. 이들은 일단 투자를 하면 그 회사의 이사가 되어 적어도 1주일에 한 번은 사업의 추진 상황을 챙겨 나간다.

그런 사람들에게 모처럼 만든 사업 계획을 설명하려 해도 대부분 거절당한다. 워낙 바쁘기도 하고 대부분 사업 계획이 허황해서 처음부터 짜증투성이기 때문이다. 그래서 미국 보스턴의 MIT대학 같은 데에서는 짧은 시간에 투자가들을 매혹시킬 수 있는 방법을 익히도록 사업지망생들에게 강의와 훈련을 반복해서 실시하고 있다. 한국에도 산업계, 대학가 등에서 각종 벤처 포럼이나 투자 상담의 자리가 자주 마련되는데, 참석해 보면 아쉬운 점이 많다. 투자가가 관심을 두고 있는 것은 제안하는 사업 계획의 실천 가능성, 투자 회수 시기 및 성과 확보, 제안자의 기업가 정신 등인데, 설명자의 태도부터가 개선의 여지가 많다. 심사석에

앉아 있는 투자가들도 일방적인 제안 설명을 듣고만 있고 질의응답도 전문가다운 것이 없는 상식적인 선에서 그치고 있다.

바쁜 투자가들을 감동시켜서 사업 계획을 설명할 기회를 얻도록 하는 방법으로 미국에서는 엘리베이터 스피치를 쓰고 있다. 엘리베이터 스피치는 일명 엘리베이터 피치elevator pitch라고도 하는데, 우연히 엘리베이터에서 마주친 투자가를 보고 자기의 사업 계획을 들어 달라고 설득하는 일을 말한다. 엘리베이터에 동승하는 시간은 길어야 30초밖에 안 되니, 그 짧은 시간에 처음으로 만난 투자가를 설득하는 건 예사로운 재주로는 되지 않는다. 미국의 하우캐스트Howcast사가 유튜브에 띄운 "엘리베이터 피치를 잘하기 위한 요령How to Perfect the Elevator Pitch" 비디오는 2013년 9월 24일 현재 16만 6천 명이 넘는 사람들이 시청할 만큼 인기가 있다. 영어로 된 1분 36초짜리 비디오는 엘리베이터 피치를 준비하는 과정과 실제 상황에서 투자가를 상대하는 태도에 대하여 동영상으로 설명하고 있다.

짧은 시간에 말할 내용을 미리 적어서 거울 앞에서나 녹음기를 써서 반복해서 연습하고, 투자가에게 감동을 주어 다시 설명할 기회를 마련하기 위한 수단과 절차를 보여준다. 그런데 제대로 된 사업 계획서를 갖추지 않고서는 이 엘리베이터 스피치를 잘할 수 없고 막상 투자가가 면담에 응한다 해도 후속 조치가 불가능해진다. 그래서 지금까지 설명한 대로 철저한 사전 준비가 필요하다.

사업을 처음으로 시작하는 사람이 반드시 알아야 할 일이 있다. 사업운영에서 가장 중요한 것은 돈이라는 사실이다. 그런 것을 모를 바보가 어디 있느냐 하겠지만, 뜻밖에도 이를 등한시 여기는 사람이 많다. 아무리 좋은 사업도 현금이 없으면 꼼짝하지 못한다. 현금은 바람직하게는 1년 정도 추가 수입이 없어도 경영을 할 수 있을 정도가 확보되어야 한다. 6개월 치밖에 없으면 증자를 생각하고 3개월 치밖에 없을 때에는 임원진 교체를 검토하고, 그보다 적으면 대표이사를 교체할 생각을 해야 하는 것이 세계적인 투자회사의 지침이 되어 있을 정도로 현금 흐름Cash flow에 대하여 신경을 쓰는 것이 권장사항이 되어 있다. 아무리 매출이 늘고 손익이 좋아져도 현금 흐름이 악화하면 그 사업은 잘못된 것이라 할 수 있다. 매출채권이나 재공품과 제품이 늘면 자금은 부족해지고 흑자도산黑字倒産할 우려마저 있기 때문이다.

한 가지 더 조심할 것은 관납 같은 일을 할 때에 납기나 품질을 맞추기 위해 보증을 서는 일이다. 연대보증을 요구하는 일이 많은데, 자기 회사가 연대보증을 받기 위해서는 다른 회사의 요구도 들어주어야 한다는 생각으로 도장을 찍어 주었다가 그 회사가 부실해지면 자기 회사마저 도산하는 경우를 흔히 본다. 특히 군납이나 건설회사의 경우에 그런 일이 많은데, 어찌 남의 회사의 업적을 보증할 여유가 있겠는가?

사업한다는 것은 큰 모험이다. 그러나 젊은이들이라면 큰 꿈을 키우고Be Ambitious, 현실에 만족하지 말고 항상 목마르게 찾으며$_{Be\ Hungry,}$ 실패를 두려워하지 말고 칠전팔기할 각오로 도전$_{Chal-lenge}$해야 하지 않겠는가? 그리하여 세계적인 사업가가 잇따라 등장해야만 21세기 중반의 대한민국이 계속해서 발전할 것이다.

08
어떤 회사를
설립하나?

회사는 개인으로 설립해도 되고 법인을 만들어도 된다. 개인 기업은 세무서에 사업자등록을 하기만 하면 되기 때문에 법인보다 설립하기가 쉽고 창업비용이 적은 데다가 기업주 마음대로 활동할 수 있어서 좋지만, 세금 부담이 많고 자본의 추가 조달에 한계가 있어서 규모가 작을 때에는 적합하지만, 어느 정도 커지면 법인을 만들 필요가 있다.

법인은 사업자등록 이외에도 법원에 설립등기를 해야 한다. 상법 등 각종 법규를 준수해야 하는 데다가 창업자금도 일정 규모 이상을 필요로 하면서 비용도 많이 들기 때문에 개인기업보다 창업하기가 까다롭다. 그러나 추가자금을 조달하기 위해서는 주식회사 형태의 법인을 만드는 것이 좋다. 법인 설립 자본금은 일반법인은 최소 5천만 원, 벤처법인은 최소 2천만 원이다. 개인기업은 대표자의 인건비를 급여로 처리하지 못하고 퇴직급여 충당금도 설정할 수 없는데, 법인기업은 임원보수와 상여금의 손금처리와 1년 이상 근속 임직원의 퇴직급여 충당금 설정이 허용된다. 소득에 대한 세율도 개인 기업은 10%~40%를 누진 적용하는데, 법인은 16%~28%라 세금부담이 적다.

법인에는 사단법인社團法人과 재단법인財團法人이 있다. 사단법인은 민법 또는 특수 법에 따른 비영리非營利사단법인과 상법상의 영리사단법인으로 구별할 수 있다. 법인의 필수 조건으로 정관定款이 있어야 하고 비영리법인은 주무관청의 허가를 받아 주된 사무소의 소재지에서 설립등기를 해야 한다. 다만 사단법인은 사원총회가 최고의사결정기관이고 재단법인은 설립자가 임명한 이사가 의사결정기관이 된다. 민법상의 비영리사단법인은 학술學術, 종교宗敎, 자선慈善, 기예技藝, 사교社交 기타 영리 아닌 사업을 목적으로 해야 한다. 그러나 비영리사업의 목적을 달성하는 데 필요한 범위 내에서 어느 정도의 수익사업을 할 수 있다. 재단법인 또한 학술, 종교, 자선慈善, 기예技藝, 사교社交 등 영리 아닌 사업을 목적으로 해야 한다. 주로 공익公益을 목적으로 하는 재단법인이 대부분이지만, 공익에 한하지 않고 비영리사업을 목적으로 하는 것이면 설립할 수 있다. 특별법에 따라 설립되는 재단법인으로 학교법인, 사회복지법인예: 보육원, 양로원 등, 의료법인, 향교재단법인 등이 있다.

초기 영리법인으로 합명회사나 합자회사가 있으나, 오늘날의 대표적인 영리법인은 주식회사이다. 주식회사를 설립하려면 3인 이상의 발기인發起人이 정관을 작성 서명하고 반드시 1주 이상의 주식을 인수해야 한다. 발기인이 정관에 서명한 뒤 공증을 받고 출자금을 납입한 후 거래은행의 주금납입증명과 함께 제출하여 법원에 등기하면 주식회사가 설립된다. 이와 별도로 세무서에 사업자등록을 하여 영업감찰을 발행받아야 사업을 개시할 수 있다.

주식회사의 정관에 반드시 기재되어야 할 사항은 다음과 같으며 이 중 하나라도 빠지면 그 정관은 무효가 된다.

① 목적
② 상호
③ 회사가 발행할 주식의 총수
④ 1주의 금액
⑤ 회사의 설립 시에 발행되는 주식의 총수
⑥ 본점의 소재지
⑦ 회사가 공고하는 방법
⑧ 발기인의 성명, 주민등록번호 및 주소

정관에는 상기의 절대적 기재사항과는 별도로 다음과 같은 사항을 임의로 기재할 수 있는데, 일단 정관에 규정되면 절대적 기재사항과 동일한 효력을 가진다. 주식회사의 정관은 회사를 운영하는 헌법 같은 규정으로 이의 변경에는 주주총회의 결의가 필요하다.

① 발기인이 받을 특별이익과 이를 받을 자의 성명
② 주권에 관련된 사항_{주권 종류, 명의변경 절차 등}
③ 주주총회 관련 사항
④ 이사_{3명 이상} 및 감사_{1인 이상}의 수
⑤ 사업연도
⑥ 지점의 소재지
⑦ 회사의 존립기간 또는 해산사유를 정한 때에는 그 기간 또는 사유
⑧ 사내이사, 사외이사, 그 밖에 상무에 종사하지 않는 이사, 감사의 성명과 주민등록번호
⑨ 회사를 대표할 이사의 성명, 주민등록번호 및 주소
⑩ 감사위원회를 설치할 때에는 감사위원회 위원의 성명 및 주민등록번호

이사와 감사는 그 임기를 3년을 최장기로 하고 재선되어도 상관이 없다. 외국인이 주식을 취득하는 경우에는 투자금액이 5천만 원 이상이어야 하는데 외국인투자 촉진법과 외국환거래법 규정에 따라 절차를 밟아야 한다.

제 3 장

흑자를 내려면

01

생명체에서
배우자

기업은 생명체이다. 그래서 생명체가 생존을 위해 어떤 지혜를 발휘했는지 알아보는 것은 기업의 계속적인 번영을 위해 큰 도움이 된다.

약 37억 년 전에 생물이 탄생한 이후 다섯 차례나 큰 재난이 있어서 그때마다 적게는 60%, 많게는 80%가 멸종했다고 한다. 그래도 약 870만 종이 지구상에 존재한다. 대 멸종이 생기는 원인으로 화산폭발이나 해수면 하강과 상승, 거대한 운석이나 혜성 또는 블랙홀Black hole의 충돌, 지구의 냉각화나 온난화 등을 학자들은 거론한다. 그중에 가장 많이 일어난 것이 화산폭발인데, 화산재와 가스가 햇빛을 가리어 생물들의 먹이사슬을 파괴해서 많은 생물이 멸종했다. 그러나 이렇게 대재앙을 겪으면서도 생명체는 꾸준히 진화하여 생존을 도모한다. 생명체가 진화를 해 나가는 기본 원리로는 다음과 같은 것을 들 수 있다.

첫째, 불확실한 미래를 대비한 안전장치를 갖춘다.
둘째, 생명체의 구성요소 간에 균형이 잡히도록 조절을 한다.
셋째, 유전자의 혼합으로 생명체 자체를 다양하게 만든다.
넷째, 자기파괴를 통해 날마다 새로워지는 노력을 계속한다.

기업의 환경도 무섭게 변한다. 20세기 이후로만 보아도 1914년의 세계 1차 대전, 1929년의 대공황, 1939년의 세계 2차 대전, 1950년의 한국전쟁, 1997년의 외환위기IMF, 2007~2010년의 금융위기 등 한국이 직간접으로 겪은 재앙은 자연환경에서 오는 멸종 위기 못지않은 위협을 기업에 준다. 1980년에서 2011년까지 30여 년이 지나는 동안에 삼성, 현대차, SK, LG, 롯데, 한진, 한화, 두산, 금호아시아나, 효성, 동국제강, 코오롱, 영풍, 대림, 동양 등은 30대 그룹으로 건재하고 있으나, 대우, 쌍용, 국제, 동아건설, 삼미, 한일합섬, 기아, 한양, 해태, 대농 등의 재벌은 해체되어 경영권이 넘어가고 말았다.

장기간에 걸쳐서 성장을 유지해 나가려면 기업들은 무엇보다도 생명체의 생존 지혜 1호인 "불확실한 미래를 대비해서 안전장치를 확보"해야 한다. 기업경영의 안전장치는 현금Cash이다. 현금이 모자라면 기업을 유지해 나갈 수 없다. 개인이나 벤처기업 같은 소기업에서는 은행 구좌에 예금한 금액이나 수시로 매각할 수 있는 유가증권을 항상 챙기면서 일하면 별 큰 문제가 생기지 않는다. 그러나 기업이 커지고 복잡해지면 그런 수단만으로는 현금 흐름을 제대로 챙길 수 없다. 복잡한 경영 활동에서는 현금흐름 표Statement of Cash Flows를 작성해서 현금의 원천과 운용을 챙겨 나가는 것이 좋다. 현금흐름표는 2기의 대차대조표를 비교해서 두 대차대조표 사이의 계정과목별 금액의 증감을 파악하여 영업활동부분과 투자활동부분 그리고 재무활동부분으로 나누어 그 유입액과 유출액을 산정하고 기간 중 현금의 증감액과 기초 현금 및 기말 현금 잔액을 기입하여 만들면 된다. 현금흐름표를 만들면 다음과 같은 것이 쉽게 파악되어 경영 활동 개선에 도움을 줄 수 있다.

① 현금 흐름, 이익과의 관계를 파악하여 경영이 건전하게 추진되고 있는지 알아본다.
② 현금으로 배당할 수 있는지 알아본다.
③ 빚을 갚을 수 있는지 알아본다.
④ 장차 얼마나 현금을 마련할 수 있는지 그 능력을 알아본다.
⑤ 특정한 사업을 추진할 때에 외부로부터 현금을 빌려 와야 하는지 알아본다.

현금흐름표에는 기업의 건강 상태와 성장 가능성을 알아보는 지표를 담고 있다. 아래에 현금흐름표의 한 예를 든다.

▶ **요약 현금흐름표(삼성전자)**

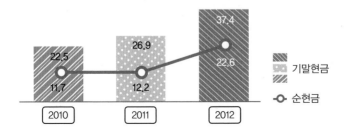

(단위: 조원)

(단위: 조원)

	2010년	2011년	2012년
기초현금	20.88	22.48	26.88
영업활동	23.83	22.92	37.97
투자활동	−22.03	−21.62	−24.85
재무활동	−0.15	3.11	−1.86
현금증감	1.60	4.40	10.57
기말현금	22.48	26.88	37.45
순 현 금	11.70	12.23	22.55

현금흐름표는 대차대조표, 손익계산서와 함께 기업의 성과를 숫자로 표시하는 세 가지 재무제표의 하나이다. 주식회사에서는 대차대조표, 손익계산서, 현금흐름표를 주주총회의 승인을 받아 바로 공고해야 하고 10년간 보존하도록 상법에 규정되어 있다. 이들 재무제표는 기업의 손익과 재산 및 부채 현황을 숫자로 알려 주고 있다. 그런데 모든 재무제표는 작성자가 자기 편의에 따

라 수정하기 쉽기에 이를 막기 위하여 독립되고 공인된 감사인을 두어 검증을 받게 한다.

흔히들 현금 확보의 중요성을 무시하고 기업확장을 시도하다가 낭패를 당한다. 현금 흐름을 호전시키려면 판매대금을 빨리 회수하는 것이 최선이다. 큰 프로젝트에는 계약금, 중도금, 잔금 식으로 대금을 미리 받는 것이 보통이고 수출에 있어서는 신용장을 담보로 수출 금융을 일으키기도 하기에 현금 흐름이 좋아지게 마련이지만, 일반적인 상거래에서는 짧게는 2개월에서 길게는 6개월에 이르는 대금 회수기간이 걸린다. 계약금을 받거나 현금 거래를 하는 일은 품질이 월등하여 상품의 인기가 높아야 가능하다. 필자가 정보처리서비스를 시작할 때에 월말에 용역료를 청구하면 열흘 이내에 현금으로 회수하는 방침을 세워서 운영했다. 고객 가운데는 2개월 어음을 주는 것이 관례라고 하면서 이 방침을 탐탁지 않게 여기는 곳이 많았다. 그러나 정보처리서비스 회사가 고객에게 외상으로 서비스를 제공할 까닭이 없다고 생각했기에 그대로 추진했다. 정보처리서비스의 원가를 보면 태반이 인건비와 기계사용료인지라 모두 현금으로 지급하고 있는데, 서비스 대금을 외상으로 한다면 빚을 내어 사업할 수밖에 없기 때문이었다. 현금 지급을 꺼리는 고객을 설득하려면 무엇보다도 그 고객이 감동할 수 있는 수준의 서비스가 제공되어야 했다. 그래서 대금 회수가 늦어지는 고객이 생기면 그 고객의 만족도가 쳐지는 것으로 평가해서 서비스 수준을 높이게 하였다. 그랬더니 필자가 재직하는 동안 대금 회수에 곤란이 없었다.

규모가 큰 회사에서는 사업부제를 채택하는 곳이 많다. 그런데 사업부에서 매출과 생산을 맡고 본사에서는 자금조달과 운용, 회계와 심사, 인사지원 등을 맡고 있다 보니 자금이 원활하게 융통되지 못하는 사례가 발생한다. 수금을 늦추더라도 매출을 증가시키려는 욕심이나 대량생산과 원료의 대량 조달에서 오는 규모의 경제를 누리려는 사업부가 많아서 자금은 본사가 충분히 대어 줄 것으로 생각하고 자금회수에 열을 내지 않았다. 그러나 회사의 자금 조달에는 한계가 있었다. 그래서 사업부에서 자금수지를 맞추지 않으면 그 이상 추가 자금을 주지 않도록 결정했더니, 수입원료의 통관자금을 대지 못하는 사례가 생겼다. 사업부장 가운데 어떤 이는 개인 통장을 직원에게 내어 주며 통관자금으로 쓰게 조치했다. 그 소식을 들은 영업부서장들이 자발적으로 수금에 나서서 사업부장이 개인 자금을 내어놓지 못하게 막았다. 결국, 회사 전체의 자금 흐름이 좋아졌다.

02

경영분석을 통한
안전장치 마련

1968년에 플라스틱 기기를 생산하던 락희화학과 비누를 만들던 락희유지 그리고 비닐 제품을 만들던 락희비니루의 세 회사가 합병하여 사업부제를 도입했다. 창업 이래 신제품을 개발할 때마다 공전의 히트를 해서 현금이 풍부했던 회사가 점차 경쟁이 심해져서 손익과 현금 흐름이 악화하고 있었다. 예산관리제도나 경영분석 및 심사제도가 도입되기 전이었다. 이런 상황에서 회사의 손익과 현금 흐름의 개선방안을 임원회의에 보고해야 할 임무가 필자가 맡은 총합관리과에 주어졌다. 그때 가장 도움을 준 것이 현금흐름표와 경영비율분석이었다. 총합관리과에서는 락희의 5개년간 재무제표를 가지고 중장기를 포함한 현금 흐름을 점검하고 문제점과 대책을 임원회의에 보고했다. 이것이 계기가 되어 총합관리과가 관리부로 승격하고 인원이나 예산 규모도 커져서 마침내 재무관리를 맡는 재경실財經室이 서울에 탄생하게 되면서 필자가 초대 컨트롤러Controller 겸 관리부장이 되었다.

이때의 경험으로 현금흐름표와 경영비율의 개념은 필자의 머릿속에 확고하게 자리 잡았다. 현금잔액과 증감에 대한 정보 외에도 경영의 재무분석에서는 많은 지표를 사용한다. 필자가 중점적으로 따진 것은 다음과 같은 것이었다.

1) 정확한 손익의 파악

결산서를 받아보면 많은 것에 의문이 간다. 우선 손익계산서에 적힌 매출액이나 손익이 제대로 반영되어 있는가 하는 점이다. 대외적으로 발표하는 숫자에는 허수가 들어 있는 경우가 있기 때문에, 경영분석 이전에 그런 헛된 숫자를 삭제하고 객관적으로 납득할 수 있는 재무제표를 마련해야 한다. 매출액과 이익을 늘리기 위해 흔히 범하는 일이 가공 매출액의 산정이다. 대리점과 짜고 밀어내기 작전으로 실수요가 없는 제품을 출하하거나 아예 장부상으로만 숫자를 늘리고 결산기가 넘으면 다시 적자를 끊어 출하를 취소한다. 이런 가공 매출액에 따라 이익이 증가하는데, 대차대조표상의 매출채권이나 받을 어음의 증가 상황을 꼼꼼히 챙기면 이런 일을 쉽게 적발할 수 있다.

특히 회사가 정한 대금회수기간을 초과한 거래처는 집중적으로 관리해야 한다. 3사가 합병한 락희화학은 거래처 수가 많았다. 사업부별로 매출채권의 회수 상태를 관리하려고 수금과收金課를 만들어 주산을 잘하는 직원을 십여 명 투입해서 매출채권명세표와 수금기일 초과 여부를 분석한 보고를 작성하게 했으나, 제때에 보고하지 못하여 사업부장들이 짜증을 낸 일은 지금 생각해보면 터무니없는 일이었다. 매출채권의 관리는 가장 긴급한 경영 과제였는데 전자계산기를 도입하여 해결할 수 있었다. 장기간의 할부매출을 하는 곳에서는 팩터링이나 신용카드 회사와의 약정으로 수금이 제대로 안 될 때에는 대금을 환불해야 한다. 소비자의 신용불안이 계속될 때에는 이런 할부 판매액도 집중적으로 분석해서 적정 여부를 따져야 한다. 특히 판매장려금이 할부매출 발생시점에서 지급되게 되어 있으면 대금이 회수되기 전에 장려금만 지출되어 큰 낭패를 당한다.

다음으로, 관심을 두고 관리하는 것이 제품이나 반제품, 재공품在工品, 그리고 부품과 원자재이다. 이들의 재고가 매출액과 상관없이 증감하는 경우에는 그 이유를 철저히 따져야 한다. 제품, 반제품, 재공품이 늘면 평가기준이 제대로 되어 있는지 알아봐야 한다. 그리하여 대금이 회수되지도 않았는데 재고를 판매가격으로 평가해서 가공 이익이 반영되는 일이 없도록 살펴봐야 한다. 부품이나 원자재는 매월 사용하는 양을 기준으로 몇 개월 분이 있는지 공급기간을 고려하여 재고가 적정한지 알아봐야 한다. 장기재고는 시간이 지나면 품질이 나빠지거나 가격하락이 있기 마련으로 손익에 큰 영향을 끼치기 때문에 일일이 챙겨서 철저히 없애 나가는 작전을 추진해야 할 일이다.

　어느 공장이나 필자가 처음 찾아가는 곳은 쓰레기 처리장이었다. 각종 폐기물이 잡다하게 싸여 있는 공장은 재고관리 수준 0점으로 본다. 일본의 히타치日立전선에 갔을 때 인상적이었던 것은 쓰레기 처리장이 깔끔히 정돈되어 있었던 일이다. 각종 폐전선을 규격 별로 다발로 묶어 정리해 놓은 모습이 지금도 눈에 선하다. 어떤 공장에서는 쓰레기 처리장에 원료, 부품만이 아닌 각종 사무 집기나 공구까지 너절하게 버려져 있는 경우가 있는데, 그런 공장일수록 적자에 허덕이고 있다. 금성계전金星計電을 맡아 경영 개선에 착수할 때에 매월 꼭 실시한 것이 부품, 재공품, 제품재고의 점검이었다. 우선 눈에 보이는 재고부터 줄이는 노력을 전사적으로 실시했다. 쓰레기 처리장, 창고 그리고 공장 내부 작업 현장에 있는 재고마다 명패를 달아 발생시일, 소진목표기일 등을 적게 했다. 명패의 색깔을 입고일 기준으로 매월 바꾸었더니, 현장을 돌 때마다 재고의 수준을 한눈에 알아볼 수 있게 되었다. 눈에 보이는 경영은 효과가 컸다. 몇 달 지나지 않아 재고가 크게 줄고 공장과 창고에 상당히 큰 빈터가 생겼다. 나중에는 건물을 더 짓지 않아도 될 정도였다. 과잉재고는 보관경비도 크지만, 급격한 기술발전 속에 폐기 처분하는 것이 생겨서 경영에 큰 손실을 입히니 철저히 챙겨야 할 일이다.

　이연계정移延計定도 마물魔物 이다. 이 계정을 이용해서 연구개발에 완전히 실패한 것을 비용으로 털지 않고 3년 내지 5년간 이

연상각移延償却하여 결손이 그만큼 덜 난 것으로 만들면 그 기업의 건전성은 어떻게 봐야 할 것인가? 아무리 공인회계법인의 감정을 받아도 잘 드러나지 않는 숫자의 조작은 몇 년간의 대차대조표를 확보해서 철저히 찾으면 잘못된 곳을 대부분 밝혀낼 수 있다.

2) 적정한 결산서에 의한 경영분석

적정하게 결산서를 조정한 뒤에, 다음과 같은 비율의 변화를 파악하여 기업이 당면한 문제점을 찾아내고 대책을 강구한다. 먼저 기업의 성장성을 측정할 때에는 매출액증가율을 따져 본다. 해마다 26% 성장하면 10년이면 10배가 될 수 있다. 창업 초기에는 50%를 넘는 고성장을 하는 회사도 10년간을 살펴보면 어느덧 성장이 둔해지는 것을 볼 수 있다. 그럴 때에 성장이 둔화하는 원인을 시장별, 제품별, 영업부서별로 분석하여 보강해 나가야 기업의 건전한 성장력을 확보할 수 있다. 매출액과 함께 경영에 투입되는 총자본의 증가율도 따져 보는 것이 좋다.

다음으로, 알아보는 것이 수익성이다. 주로 매출순이익률과 매출영업이익률, 외부에서 구매하는 부품 및 원재료의 생산액에 대한 비율 등을 따지는데, 매출순이익률은 영업외 수지를 반영한 것이기 때문에 총체적인 수익성을 알아보는 데 도움된다. 총자본순이익률은 "매출액순이익률 × 총자본회전율=총자본순이익률"

이라는 공식에서도 알아볼 수 있듯이 수익성과 함께 총자본을 얼마나 효율적으로 사용하고 있는지를 알 수 있다. 업계의 평균치와 최고치를 참조하면서 성과관리에 나서는 것이 좋다. 수익성의 개선을 위해서 변동비와 고정비를 중심으로 경비를 나누어 관리하기도 한다.

안정성을 알아보는 비율로 가장 많이 활용하는 것이 부채비율이다. 필자는 "(부채/자기자본)×100%"로 자기자본의 몇 배로 남의 빚을 썼는지 알아보는 비율을 주로 활용했다. 이 비율은 일반적으로 100% 이하면 적정하다. 금융위기나 불황기에는 이 비율이 악화하여 1,000%가 넘는 경우도 생기는데, 운전자금의 부족으로 매일같이 부도를 막기 위해 금융기관을 드나들고 심지어는 사채업자를 찾는 지경까지 이른다. 아무리 나빠지더라도 150%를 넘지 않게 관리해 나가야 한다.

증권 시장에서 기업가치를 따질 때에 많이 쓰는 것에 EV/EBITDAEnterprise Value/Earnings Before Interest, Taxes, Depreciation and Amortization가 있다. 기업의 주식 평가총액을 연간 이익감가상각, 세금 및 이자 지급 이전으로 나눈 숫자이다. 연간 이익으로 몇 년이면 그 회사를 살 수 있는가를 알 수 있어서 주식거래에 많이 참작한다. 다른 또 하나의 숫자가 가격대수익비율P/E Ratio: Price-to-Earnings Ratio인데 주가가 한해 주당 수익의 몇 배인지를 나타낸다. 이 숫자가 높을수록 주식 시장에서의 인기도가 높아진다.

03

재무분석이나 논리만으로
기업 경영이 잘 되는 것은 아니다

지금까지 흑자 경영을 지속하기 위한 안전장치로써의 각종 재무분석 방안을 설명해 왔다. 그러나 기업은 그것만으로 번창하는 것이 아니다. 생존의 두 번째 원칙인 "생명체의 구성요소 간에 균형이 잡히도록 조절"하는 것이 절실하게 필요하다. 생명체는 고급이 될수록 단위세포가 천문학적으로 늘어난다. 만약 그 단위세포들이 균형을 잡지 못하고 각자 멋대로 행동을 하면, 기형이 일어나고 암세포 같은 것이 이상 증식해서 병이 생겨 죽게 된다. 마찬가지로 기업체도 구성하는 단위들이 균형 있게 유지되지 않으면 발전이 중단되고 경쟁에 져서 패망한다. 그렇게 볼 때에 기업체의 구성단위 하나하나에 세심한 관심을 두고 균형 있는 성장을 도모해야 한다.

기업체 구성단위의 가장 중요한 부분이 인간이다. 인간은 홍이 나면 많은 일을 해낸다. 그래서 기업을 운영하는 사람들과 지원하는 사람들이 협력해서 일하는 신 나는 풍토culture가 조성되어야 근본적인 역량이 발휘된다. 적자가 된 기업에 가 보면 분위기부터가 어둡고 종업원들이나 경영자나 모두 어깨가 쳐져 고개를 숙이고 다니는 것을 볼 수 있다. 그런 기업에 가서 아무리 경영분석이 중요하고 계수관리가 필요하다고 외쳐 봤자 아무도 귀를 기울이지 않는다. 무엇보다 먼저 모두가 "하면 된다"는 분위기로 바뀌어야 한다. 임직원들이 새로운 제도나 기법을 익히려면 많은 시간과 노력이 필요하다. 일들이 잘 풀리지 않아서 모두가 짜증스러워하는 때에 누구나 신 날 수 있는 행사는 없을까 하고 생각해 보아라. 복잡하게 생각할 것이 아니라 노래자랑, 장기자랑, 운동회, 극기훈련 등 모든 임직원이 함께할 수 있는 행사부터 벌여서 함께 신명을 낼 수 있는 분위기를 만드는 것이 흑자경영의 첫걸음이라고 생각한다.

이와 관련하여 필자가 직접 경험한 사례를 살펴본다. 1976년 가을에 일본 도쿄東京의 한 호텔에서 락희화학의 사장과 필자는 새해의 조직변경을 논의했다. 락희화학이 합성수지 분야에 진출하기 위해 신설한 화성사업부의 책임자를 선임하기 위해서였다. 화성사업부는 새로 생긴 석유화학 사업을 맡을 조직으로 초기 투자액이 엄청나게 커서 첫해부터 큰 손실을 예상하고 있는 만큼 담당할 임원을 선임하기가 어려웠다. 논의 끝에 관리담당 상무였던 필자가 스스로 새로 출범하는 화성사업부를 맡겠다고 나섰다.

1977년 초 락희화학의 초대 화성사업부 담당 상무가 된 필자가 전라남도 여천麗川에 있는 공장에 영업책임자와 기획 참모를 데리고 출장 가서 경영회의를 열었다. 여천공장은 폴리염화비닐PVC과 유리섬유 시설은 완공되어 생산과 판매활동을 시작하고 있었고 ABS아크로니트릴 부타디엔 스타이렌, Acronitrile Butadiene Styrene 수지 공장은 건설 중이었다. 그런데 회의를 해 보니 거대한 초기 투자로 적자가 상상을 초월했다. 거액의 장치시설비를 정률로 감가상각하니 결손액이 회사의 다른 부문 전체의 이익을 초과했다. 손익분기점을 따지면서 판매를 확대하고 벌크bulk로 원료를 사서 변동비율을 낮추면서 100% 가동을 시도했으나 손익은 좀처럼 개선되지 않았다. 그러다 보니 임직원 모두 사기가 엉망이 될 수밖에 없었다.

고민하고 있는데, 노준철 생산과장이 기발한 아이디어를 냈다.

"상무님, 우리가 만날 결손, 결손 하면서 적자 해소를 논의하고 있는데, 그러지 말고 감가상각액을 빼고 검토를 하면서 개선점을 찾아봅시다. 감가상각액만 없으면 그래도 흑자랍니다. 같은 말이라도 이익을 더 내자고 논의하게 되니 기분이라도 좋아질 것입니다." 그러자 고유문 생산부장이 말했다.

"참 좋은 아이디어입니다. 그리고 품질개선활동을 전개하여 종업원 전체의 참여를 유도해 보는 것이 어떻습니까? 아직 초창기지만 분임 토의를 권장해서 잘하는 곳을 하나라도 뽑아 상을 주면 분위기가 크게 달라질 것입니다."

그럴듯하다고 생각하여 본사의 승인을 얻어 화성사업부만은 감가상각액을 빼고 경영분석을 하여 품질개선활동을 활발하게 추진하기로 했다. 몇 년이 지나지 않아 이 공장은 공칭 생산용량을 훨씬 넘는 생산 실적으로 감가상각을 하고도 흑자를 크게 올릴 수 있었다.

1981년에 LG 그룹 기획조정실에서 (주) 금성계전金星計電의 감사를 실행했다. 적산전력계, 전자개폐기, 차단기, 그리고 배전반을 만들던 금성계전이 154KV초고압超高壓 기기 생산을 추가하여 종합전기기기 제조회사로 성장할 큰 꿈을 기르고 있었다. 그런데 새로이 등장한 국보위國保委에서 중전기 분야의 투자 재조정을 한다는 미명 아래 금성계전의 초고압 기기 생산 판매를 일방적으로 금지했다. 막대한 시설과 인력을 투자했는데, 사업을 중단하였으니 금성계전의 재정과 분위기가 엉망이 될 수밖에 없었다. 도산 직전에 이른 이 회사의 감사를 시행한 뒤, 그룹에서는 최고경영진을 교체하기로 했다. 기획조정실 근무가 4년이 된 필자는 이 회사의 재건을 위해 일할 것을 자원했다.

계속된 적자와 만성적인 자금부족으로 어려움을 당하던 금성계전에서는 두 번이나 대규모 감원을 했기에 임직원의 사기가 땅에 떨어져 있었다. 최선래崔善來 사장과 함께 부사장으로 부임한 필자는 무엇보다도 먼저 어렵더라도 해보겠다는 생각을 임직원이 갖게 하여야 한다고 생각했다. 먼저 부채비율이 1,416%가 되어 운전자금 확보에 허덕이는 것을 회장의 특별승인을 얻어 증자를 두 번 해서 314%로 개선했다. 그리고 처음으로 사업부제를 도입하고 목표관리MBO, Management By Objectives 훈련을 했다. 생산체제의 혁신을 위해 재고를 일소하는 시스템을 일본능률협회의 도움으로 도입했다. 금성계전은 일본의 후지전기와 합작을 하고 있었기에 일본 생산 현장에 기술진과 공장 생산현장의 직원들을 잇따라 파견해서 그들의 앞선 생산방식과 품질관리제도를 도입하도록 했다. 그러는 한편, 토요타豊田 자동차의 적기 공급 생산 방식just-in-time인 "간판看板방식"을 도입해서 과잉 재고의 일소에 힘쓴 것도 이때의 일이었다. 임직원 간이나 협력회사 간의 의사소통을 활발하게 만들기 위해 사보와 기술개발소식을 각각 발행하기도 했다. 사장과 부사장이 미국, 일본, 유럽을 분담하여 신제품을 개발하기 위한 기술도입이나 업무협력도 활발하게 추진했다. 그러는 한편, 전산시스템을 강화하고 개인용 컴퓨터와 설계용컴퓨터CAD를 본사와 공장에 설치했다.

이런 경영혁신 활동에 더하여 임직원의 인내력과 극기력 그리고 협동심을 함양하기 위한 세 가지 행사를 실시했다. 먼저 최 사장의 제안으로 본사와 공장의 관리직 114명을 손전등, 자석, 지도만 지니고 야간에 관악산을 종단하는 훈련을 실시했다. 십여 개의 팀으로 나누어 험한 산길을 돌파하여 목표지점으로 도착하면 모닥불을 만들어 성취감을 축하하는 모임을 하기로 했었다. 그런데 한 팀이 12시간이 넘도록 도착하지 않자 최 사장을 비롯한 경영진은 안절부절못하였다. 사고가 난 것이 아닌가 하고 걱정을 하고 있는데, 마지막 팀이 기진맥진하면서 목표지점에 나타났다. 어려운 훈련을 한 팀도 낙오함 없이 모두 완료하자 임직원 일동은 만세를 불렀다. 아무리 어려운 일이라도 한마음으로 뭉치면 해낼 수 있다는 것을 함께 깨닫게 하는 행사였다.

다음으로, 마침 그룹이 주최한 야구대회에 출전하게 되어 뒤에 야구의 명해설자가 된 허구연 팀장의 감독 아래 맹훈련을 시켜서 우승하게 만들었다. 이 또한 좋은 감독을 만나면 아마추어라도 최강의 실적을 올릴 수 있다는 것을 실증하는 일이라 자신감을 키우는 데 큰 도움을 주었다. 세 번째로는 사장과 부사장이 번갈아 공장을 찾아서 품질개선 업무 추진 현황과 재고 감축 활동을 독려했다. 그러면서 사소한 업적이 있어도 공개적으로 칭찬하고 상을 주어 신 나는 분위기를 조성했다. 최 사장은 청주공장에 가면서 시루떡을 한 차 가득 싣고 운동장에 놓아 직원들이 이를 먹고 즐기게 했다. 필자는 공장에 갈 때마다 생산현장의 직원들이 한 시간씩 하는 분임 토의 자리에 참석하여 그들의 열띤 토의 내용을 경청했다. 아무 말도 않고 듣고만 있었는데도 그들에게는 큰 격려가 되었다. 나중에 들은 말이지만, 그때 분임 토의에 참가했던 여직원이 "뭐니뭐니해도 가장 감격한 일은 부사장께서 우리의 토의 현장에 오셨던 일이다"고 사내 경진대회에서 발표하는 것을 보고 그것이 그처럼 영향을 준 것을 처음으로 알았다. 이런 여러 가지 노력이 계속되자 회사의 분위기가 많이 달라졌다. 결과적으로 혁신의 첫해부터 이익을 내고 그 뒤 여러 해를 좋은 성적을 내게 되어 임직원이 그룹 내에서도 가슴을 펴고 다니게 되었다. 재무분석 같은 계수관리는 기업의 안전장치로 반드시 필요한 것이지만, 신 나는 회사를 만들고 흑자경영을 하기 위해서는 이처럼 신 나는 분위기를 조성하는 일이 무엇보다도 중요한 것임을 실감했다.

04

"열 가지 ㄲ 시리즈"를 중심으로
균형 있는 경영을 해야

"꿈"을 가진 "꾼"들이 "끼"를 발휘해서 내외로 "끈"으로 뭉쳐서 "꾀"를 모으고 "깡"을 부려서 "꼴"을 갖추어야 한다 했다. 그리고 "끝" 마무리를 잘하면 "꿀"이 생기고 "꽃"이 핀다 했다. 이런 "ㄲ 시리즈 열 가지" 가운데 다섯은 누군가에게 들은 말이고 나머지 다섯은 필자가 찾아서 보태었다. 맥킨지의 유명한 경영 컨설턴트였던 워터먼Robert H. Waterman, Jr.과 톰 피터스Tom Peters가 1980년대에 주장한 경영의 7대 요소가 있다. 외우기 좋게 잘 정리한 모델이라 지금껏 자주 활용하는데 "ㄲ 시리즈 열 가지"와 비교해 보면 경영 활동에서 균형 있게 항상 챙겨 나가야 할 요소들이 드러난다.

① 꿈 — Shared value
② 꾼 — Staff

③ 끼 — Skill

④ 끈 — System, Network

⑤ 꾀 — Strategy

⑥ 깡 — Style, Gut

⑦ 꼴 — Structure, Brand

⑧ 끝 — Finishing

⑨ 꿀 — Rewards

⑩ 꽃 — Flourishing

좋은 꿈에는 일생을 걸고 이룩하고 싶은 모습을 담고 그 실천 방안이 마련될 수 있는 것이 그 최상이다. 나쁜 꿈은 걱정과 병마의 소산으로 악몽에 시달리고 가위에 눌리는 일을 흔히 당한다.

중국 전설에 맥獏이라는 동물이 있는데 곰을 닮은 몸집에 코끼리의 코, 코뿔소의 눈, 소의 꼬리, 호랑이 다리를 갖고 있다. 털은 흑백의 무늬가 있고 머리가 작다. 사람의 악몽을 먹는다고 전해지고 그 가죽을 깔고 자면 나쁜 기운을 피할 수 있다고 한다. 이런 맥의 도움을 받아서라도 좋은 꿈을 꾸려면 우선 마음이 평안하고 몸이 건강해야 한다. 평생에 이루고 싶은 일을 꿈속에 담을 수 있으려면 무엇보다 가치관이 확립되어야 한다. 부처님처럼 색즉시공色即是空의 깊은 해탈을 바탕으로 열반涅槃에 들겠다는 것이나 예수처럼 원죄가 많은 인간을 사랑과 자기희생과 봉사로 영원한 구제를 하겠다는 고매한 가치관은 성현의 꿈이다.

그런데 사업하는 사람은 더 세속적인 가치관이 있을 수 있다. 세계 제1의 갑부가 된 마이크로소프트의 빌 게이츠같은 이는 "손가락 끝에 정보를Information on finger- tips"이라는 기막힌 표현으로 컴퓨터와 통신 세계를 대중이 자유자재로 쓰게 만들겠다는 꿈을 내세우고 사람들을 이끌어 나갔다. 경영의 귀신이라는 일본의 마쓰시타 고노스케松下幸之助는 "전자제품을 수돗물처럼 흔하게 쓸 수 있도록" 하는 회사를 만드는 것을 창업의 꿈으로 삼았다.

필자가 프리씨이오Free-ceos.com라는 회사를 만들어 IT 분야의 산학연 지도자들을 모아 새로운 개념의 경영자문 사업을 시작할 때에도 우리의 꿈은 "세계 시장에서 컴퓨터와 통신을 활용해서 사업을 성공시킬 수 있도록 경영자들을 돕자"는 것이었다. 처음에는 세계진출을 꿈꾸는 IT 분야 기업이 많을 것으로 생각하여 모집도 해 보고 개별 면담도 수십 건 해 보았다. 그러나 노력보다 성과가 나지 않았다. 생각다 못하여 소프트웨어Software를 중심으로 생태계 자체를 바꾸어 보기 위한 계획을 세워 재계, 정부, 정계에 제출하고 브리핑을 해 보았다. 소프트웨어가 공기나 물처럼 곳곳에 흔하여 그 중요성을 특별히 인식하지 않은 까닭인지 반응이 시원치 않았는데, 박근혜 정부가 들어서면서 소프트웨어를 창조경제의 핵심으로 생각하여 이를 크게 키우겠다고 하여 반갑다. 요즈음 중국의 발전 속도가 빨라지더니 가전기기, 휴대폰, 조선업 등에서는 벌써 한국을 추월할 기세다. 이런 하드웨어의 경쟁력을 강화하는 데에는 소프트웨어를 동원할 수밖에 없고, 새로운 시장을 창조하는 데에는 소프트웨어 만큼 좋은 것이 없다. "소프트웨어 산업의 세계화로 21세기에 대한민국이 세계를 이끌어나갈 수 있도록 만들자"는 꿈을 이루기 위해 이보다 반가운 일은 없다. 이 꿈을 촉진하기 위하여 프리씨이오의 사람들이 주동하여 2013년 11월에 공익법인 "한국소프트웨어세계화연구원"을 미래부 허가를 얻어 설립했다. 그리고 필자가 대표 겸 이사장으로 일하게 되었다.

열 가지 "ㄲ" 시리즈 가운데 다른 것은 대체로 이해하기가 쉬우니, "꿈"에 이어 "깡"에 대해 설명하기로 한다. 사람을 비롯한 모든 생물은 환경의 영향을 받는다. 혹독한 환경에서 단련되면 그 환경을 이기기 위해 생물은 변한다. 이때 필요한 것이 깡이다. 깡이 없는 생물은 환경 변화를 이겨 내지 못하고 사라지기 마련이다.

필자가 LG 그룹의 사장 평가위원으로 있으면서 LG전자의 김광로 인도 법인장을 만났다. 김 법인장은 1997년에 인도에 진출한 LG전자의 프로젝트팀을 지휘한 경영자였다. 문자 그대로 '깡'이 대단한 분이다. 2004년 2월에 KBS가 「신화창조의 비밀」이라는 특집 프로에서도 보도했지만, 그가 이끄는 여덟 명의 일꾼들은 인도 전역을 뛰어다니며 영업망을 만들고 공장을 건설해서 텔레비전, 세탁기, 에어컨, 전자레인지에서 인도 시장의 정상에 올랐다. 그들은 LG 그룹이 다년간 꾸준히 추진해 온 "고객을 위한 가치창조, 인간 존중의 경영"이라는 경영 이념을 철저히 실천해 나갔다. 그리고 고객인 인도인의 사회여건에 적합한 제품을 개발했다. 450볼트에서 100볼트까지 전압 변동이 심한 인도 특유의 환경에도 견딜 수 있는 TV를 개발하고, 노래자랑으로 방방곡곡을 찾아가 인도인의 흥을 돋우며 판매 활동을 했다. 인도인들이 가장 좋아하는 운동 경기인 크리켓을 TV 게임으로 끼워서 제공하는 등 어떻게 하면 고객을 위한 가치창조를 실천하느냐에 몰두하고 있었다. 그런가 하면 전국에 깔린 영업망과 AS망은 말할 것도 없이 그레이터노이다Greater-Noida의 대단위 생산공장에서 현지인들을 과감히 간부로 기용하고 김 법인장이 직접 대화를 나누며 경영을 하고 있었다. 현지에 맞는 최고의 품질과 서비스를 제공하는 정신과 현지인을 최대로 존중하는 경영으로 그는 소니나 필립스 같은 세계 최강의 가전기기업체를 물리치고 LG전자를 인도 최고의 업체로 만들어 냈다. 경영의 근본은 고객에 있다. 그런 고객을 위한 가치창조를 하는 것은 함께 일하는 사람들과 지도자에 달렸다. 많은 사람이 말로는 고객을 위하고 인간을 존중하는 경영을 하자고 강조하면서도 행동은 달리한다. 대부분은 자기만의 이익과 권리를 찾으려 한다. 툭하면 구조조정이라는 미명하에 감원선풍을 일으키고 믿지 못하겠다고 부하들에게 권한을 주지 않는다. 모두 김 법인장의 두둑한 배짱, "깡"에서 많은 것을 배워야 할 일이다.

05

국내 시장 형에서
세계 시장 형으로 바꾸려면
정확한 의사소통이 필요하다

누구나 사업을 시작하면서 국내 시장에서의 성공을 손쉽게 생각한다. 그리고 국내에서도 성공하지 못하면서 해외로 나가려고 하는가 하고 비난한다. 20세기까지는 그런 생각이 통했다. 나라마다 관세장벽 같은 것으로 국내산업을 보호하고 육성하는 정책을 썼기 때문에 국내 시장만으로도 기업은 돈을 벌 수 있었다. 그러나 21세기는 이런 구조가 크게 변하여 날이 갈수록 세계 시장이 하나가 되고 있다. 먼저 국가 간의 자유무역협정FTA, Free Trade Agreement 이 추진되어 국가 간의 자유로운 무역을 위해 무역장벽, 즉 관세나 시장보호 장벽을 철폐하기 시작했다. 대한민국은 2004년 4월에 칠레와 맺은 FTA를 시작으로, 2006년 싱가포르, 유럽자유무역연합EFTA, European Free Trade Association 4개국, 2007년 아세안·동남아 국가 연합ASEAN, Association of South East Asian Nations 10개국, 2009년 인도 포괄적 경제동반자 협정CEPA, Comprehensive Economic Partnership Agreement, 2011년 EU 27개국, 페루, 2012년 미국, 2013년 터키 등과 자유무역협정을 맺었다. 그 뒤 중국, 일본, 러시아 등과도 협상을 추진하고 있으니, 대부분 주요 시장에서 무역장벽이 없어질 추세이다. 이에 더하여 2005년 6월에 뉴질랜드, 싱가포르, 칠레, 브루나이 4개국이 추진한 환태평양경제동반자협정TPP, Trans Pacific Economic Partnership에 2010년부터 미국, 호주, 페루, 베트남, 말레이시아의 5개국이 추가 가입하고 캐나다, 일본, 필리핀, 대한민국, 타이완이 멤버십 가입을 희망하고 있는데 이 TPP는 아시아-태평양 지역 경제의 통합을 목표로 하고 있어서 공산품과 농산품을 포함한 모든 품목의 관세를 철폐하고, 정부 조달, 지적재산권, 노동 규제, 금융, 의료 서비스 등의 모든 비관세 장벽을 철폐하여 자유화하자는 협정이다. 이런 광역경제자유협정은 다른 지역에서도 추진하는데 세계 시장 통합에 가속이 걸렸다. 그러니 이제부터는 세계 시장을 대상으로 사업을 시작하는 자가 성공할 확률이 높아진 셈이다.

해외에서 사업을 하려면 가장 먼저 해야 할 것이 진출할 지역 고객의 성향 파악이다. 미국, 중국, 일본, 동남아, 러시아 등 여러 나라에 나가 보면 각각 고유의 문화와 생활방식을 갖고 있어서 정확하게 고객의 성향을 파악하기가 대단히 어렵다. 그래서 각각의 지역에 정통한 현지인을 등용해야 효과가 난다. 그런데 언어와 관습 차이로 의사소통이 쉽지 않다. 한국인의 사고방식을 강요해서는 안 되는데 그렇다고 현지인이 마음대로 행동하게 버려둘 수도 없는 법이다. 그래서 등장한 것이 표준과 예외처리기준이며 기록을 남길 수 있는 정보시스템이다. 전 세계적으로 이런 표준을 설정하기 위한 노력이 계속되었는데, 마침 한국이 국제표준화기구ISO, International Organization for Standardization의 소프트웨어와 시스템 개발 표준SSPL, Software & Systems Product Line 제정을 주도하고 있어서 많은 성과를 기대한다.

[SSPL 참조 모델]

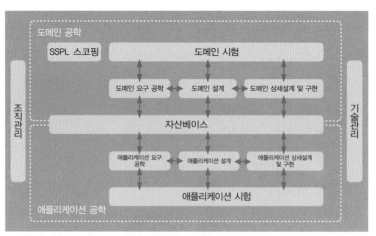

출처: 이단형 한국SW기술진흥협회장 제공

세계 시장을 정복하려면 세계 시장의 주인인 소비자들의 욕구와 기호에 맞는 제품을 하자 없이 신속하고 저렴하게 공급해야 한다. 그러려면 제품을 개발할 때부터 그 분야Domain를 잘 분석하여 성공요소를 찾아내야 한다. 그렇게 분석한 내용을 토대로 공통부분을 플랫폼Platform으로 정리하고 개별 소비자의 기호에 맞게 응용 시스템Application System을 개발해서 저렴하면서도 신속한 제품 공급이 가능해야 한다. 이때 소요되는 공통 부품과 재료는 표준화하여 세계적으로 공급처를 개발해서 나가면 더욱 좋은 결과를 초래한다. 애플, 구글 등을 보면 생산기지마저 세계적으로 찾아 활용하고 있다.

표준화가 아무리 잘 되어 있어도 여러 나라 사람 간의 의사소통이 쉬운 일이 아니다. 언어장벽이나 관습과 사고방식의 차이로 별일이 아닌데도 자주 분쟁이 생긴다. 필자는 락희화학과 금성계전 시절에 주로 일본인들과 함께 일했고, LG CNS에서 9년간을 미국인들과 일하면서 많은 것을 알았다. 어느 경우에나 가장 힘들었던 일을 얘기한다면 합작 당사자 간의 의사소통이었다. 외모나 행동방식에서 비슷하다고 생각되는 일본인들과 사사건건 문제가 생기는 것을 중재하고, 영어를 아주 잘한다고 정평이 나 있는 직원들이 간단한 표현방식의 차이로 미국인과 격론을 벌이는 것을 조정하는 일이 필자의 큰 역할 가운데 하나였다.

일본인들이 한국인은 약속을 지키지 않는다고 투덜대면, 한국인은 일본인이 회사보다는 일본의 이익을 챙긴다고 비난했다.

미국인도 마찬가지였다. 그래서 양자를 불러 대질을 해보면 모두 사소한 오해에서 비롯된 것임을 발견했다. 언어장애도 있고 토론에 익숙하지 않은 탓도 있었다. 회의 석상에서 질문 하나 없이 몰라도 모른다고 하지 않고 머리를 끄덕이고 나가는 한국인이 많았다. 이를 본 외국인은 다 이해가 되어 합의된 것으로 알다가 차차 시간이 지나면서 그렇지 않다는 것을 깨닫고 질책과 비난을 거듭하기 시작했다.

심지어 이런 일까지 있었다. 짐 보일Jim Boyle이라는 EDS에서 파견한 미국인 팀장이 씩씩거리며 사장실로 들어왔다.

"사장님, 이런 일이 어디 있습니까?"

"뭔데, 그래요?"

"트윈타워에 정보센터를 짓고 있는데, 요원이 모자라서 야단이 아닙니까?"

"그래서 인사부서에서 구인광고를 하기로 하지 않았나요?"

"그게 이번 일요일 조간에 나와야 할 텐데, 아직도 준비 중이니, 또 한 주일을 기다리게 되었습니다. 허 참, 이런 식으로 일 처리해서 언제 일이 끝납니까?"

하도 펄쩍 뛰고 있기에 인사부장을 불렀다.

"짐 보일 팀장이 저렇게 야단이니 어찌 된 일이요?"

"아니, 내일 일요일 조간에 광고가 나가는데요."

"그런데 왜 오해가 생겼나? 영어로 뭐라고 했나요?"

"'It will be ready by tomorrow.'라고 했습니다."

짐 보일 팀장은 그 말을 듣고 말했다.

"사장님, 그것 보세요. 내일까지 ready이니 광고는 다음 주에 나 나가게 되지 않습니까?"

내일 광고가 실린다고 말했더라면 될 것을 준비된다고 해서 오해가 생긴 것이었다. 두 사람은 내 설명을 듣고 손을 다시 잡으며 화해했다. 이 인사부장은 영어 검정 점수가 최고급이었는데도 이런 오해가 있었다. 이런 일이 한두 번이 아니었다. 사사건건 말썽이기에, 글로 적어 확인하게 했다. 뜻이 통하지 않는 부분은 밑줄 치면서 서로 재확인해 나갔더니 점차 일이 순조롭게 풀려갔다. 1987년에는 아직 이메일이 본격적으로 등장하기 전이었다. 그래서 영어로 된 이메일로 결재와 보고를 하게 했다. 처음에는 몹시 불편해하더니 몇 달이 지나자 익숙해져서 일 처리에 가속도가 붙었다. 지금은 한글을 쓸 수 있는 데다가 동영상까지 유선 무선으로 교환할 수 있게 되었으니 얼마나 편리해졌는가?

문서화는 대단히 중요하다. 일본인이나 미국인에 비해 한국인은 문서화를 꺼린다. 만나서 설명하고 전화로 확인하는 것을 선호한다. 그러나 짧게라도 써서 연락하면 그 내용을 보존할 수 있기 때문에 좋다. 지시를 말로 하지 않고 이메일로 하면 그 완결여부를 재확인할 수가 있다. 이런 도구가 있기 전에는 일일이 발송한 문서를 챙겨야 하는데 그 어려움이 보통이 아니었다. 그런데 이메일은 컴퓨터에 저장되고 다시 검색하기가 용이하기 때문에 큰 도움을 준다. 정기적으로 이메일 박스를 정리하다가 미결

사항이 있어 다시 지시하면 대부분 해결된다. 해외사업을 할 때에는 전자속도로 일을 조절해야 하는데, 그런 빠른 조절 능력은 인터넷을 통하지 않고는 불가능하다. 화상회의, SNS 등 21세기는 문자 그대로 광속의 시대이니 이에 걸맞게 모든 조직원이 움직여야 할 일이다.

이에 더하여 최근에는 영상회의를 통한 부서 간의 협력이 EU를 중심으로 유행하기 시작했다. 컴퓨터가 휴대하기 쉽게 작아지고 통신망이 영상을 수용하면서 원거리의 출장을 대신하여 영상회의Video Conference를 하는 회사가 늘고 있다. 영상회의에서는 이메일이나 SNS에 비하여 서로 얼굴을 보고 회의를 하기에 몸짓이나 표정을 통한 의사전달도 가능하다. 그리고 출장하는 데 드는 시간과 경비가 절감되고 빠르면서 창조적인 협업을 할 수 있다. 인터넷 가입과 영상회의 도구만 설치하고 나면 무료로 어디서나 언제든지 대화할 수 있다. 이런 일을 돕기 위한 장비와 소프트웨어의 시장규모가 EU만으로도 2011년 4억 7천4백만 달러에서 2016년에 9억 5천6백만 달러로 거의 두 배가 넘게 커질 추세다. 종전 시스템보다 월등히 싸면서도 회사의 기존 다른 시스템들과 잘 통합할 수 있고 일반통화나 이메일처럼 다루기 쉬워지고 있다. 1874년에 창업한 밸리언트 그룹Valliant Group은 1만 2천 명의 종업원이 20여 개국에서 공조시스템HVAC, Heating Ventilation and Air Conditioning을 공급하고 있는데, HP의 폴리콤Polycom을 써서 출장을 700건에 걸쳐 450일을 줄였다. HP의 폴리콤 이외에도 마이크로소프트의 'Lync', 'OCS', IBM의 'Sametime', 지멘스의 오픈스케이프 OpenScape 등 여러 제품이 있고, 이들 간의 합작제품도 있어서 선택의 폭이 넓어지고 있다. 그래서 중소기업에서도 쉽게 도입할 수 있는 수준이 되면서 통합의사소통UC, Unified Communication이라는 새 용어가 등장하고 있다.

어떤 조직이나 그 구성원만으로 일하면 차차 하나의 체질로 굳어진다. 예를 들어 산업화 시대의 성공비결은 대규모 생산이고 대규모 유통이었다. 21세기에 들어 IT가 보편화되면서 그런 것만으로는 견뎌 내기 어려운 세상이 되고 있다. 이런 때에는 이를 극복하기 위해서 생물의 생존전략 제3의 법칙인 "유전자의 혼합으로 생명체 자체를 다양하게 만든다"를 실천한다. 다시 말해 그 조직의 구성원과는 다른 유전자DNA를 가진 사람들과의 협력을 촉진한다. 이질적인 유전자를 섞으면 각각의 약점을 보완하고 강점을 활용하여 변화무쌍한 세상에서 살아남는 재주를 갖춘다. 특히 서로 다른 업종끼리의 융합에서 새로운 제품이나 서비스, 나아가서는 산업까지 개발된다.

외국과의 합작이나 M&A가 잦아져서 그러한 활동을 촉진한다. 기술이 특출한 벤처기업이 대기업의 유통망을 활용하기 위해 흡수 합병되는 일도 그래서 생긴다. 그러나 M&A를 잘 못하면 잘 나가던 조직도 망가진다. M&A는 대단히 중요하기 때문에 따로 장을 만들어 다루기로 한다.

제
3
장

06

자기파괴를 통해
날마다 새로워져야 살아남는다

환경 예측은 대단히 어렵다. 어제까지 순조로웠던 날씨가 갑자기 격변한다. 화산이 폭발하고 해일이 일어나고 태풍이 몰려오는가 하면, 2011년의 일본 후쿠시마福島 대지진처럼 갑자기 일어나는 재앙에 속수무책이 된다. 자연재앙뿐만이 아니다. 최근의 금융대란은 미국에서 비롯하여 삽시간에 전 세계를 덮쳤다. 그런 소용돌이 속에서 어제까지 멀쩡했던 기업들이 추풍낙엽처럼 우수수 무너지고 있다. 100년 이상의 역사를 자랑하던 초우량 기업으로 혁신의 대명사였던 기업들이 줄줄이 몰락했다.

미국의 경영학자 짐 콜린스Jim Collins는 기업의 몰락에는 5단계가 있다고 하면서 그 첫 단계로 지금까지의 성공 경험으로 자신을 과대평가하고 교만해져서 자기가 활동하고 있는 생태계의 변화를 깨닫지 못하고 적응에 실패한다고 했다. 말하자면 실험실의 개구리 꼴이다. 비커에 물을 담아 개구리를 풀어놓으면 개구리는 신 나게 헤엄을 친다. 비커를 가열해 물 온도가 서서히 올라도 개구리는 기분이 좋아서 물이 끓어도 아무런 대책을 마련하지 못하다가 죽는다. 기업도 생태계의 변화가 서서히 일어나면 위험을 자각하기가 쉽지 않다. 변화가 치명적이라는 것을 알았을 때에는 이미 되돌릴 수 없는 지경에 이른다.

그 대표적인 사례가 디지털 무선통신의 등장이고 스마트폰의 열풍이다. 품질 제일로 경영하던 모토로라Motorola가 디지털 무선통신의 등장을 무시했기에 낙후되고 말았다. "4천3백만 명의 아날로그 고객이 있기 때문에 무선통신 기술의 디지털 전환은 문제되지 않는다"고 이 회사의 고위 경영자가 말했을 때에 모토로라의 몰락은 이미 예견되었다. 그런 경영자 때문에 디지털 무선 통신의 꽃인 스마트폰 경쟁에 뒤져서 모토로라 모빌리티가 2012년 5월에 125억 달러로 구글에 팔리고 말았다. 모토로라는 1929년에 설립되어 한때 무선통신의 왕자였다. 품질경영에 주력하여 1986년에 "6시그마6σ"를 제창하고, 1988년에 미국정부에서 제정한 품질대상Malcolm Baldrige National Quality Award의 제1회 수상자가 되었다. 이 품질경영방식은 세계적으로 알려져서 GE를 비롯한 선진기업들이 다투어 도입했었다. 필자도 1994년에 시카고에 있는 모토로라 사내대학원을 LG 그룹의 사장단과 함께 찾아가 한국으로의 도입을 시도했었다. 그러나 그런 우수한 회사도 디지털화로 생태계가 변하는 것을 일찍 인식하지 못하여 무대 뒤로 사라졌다.

스마트폰의 열풍은 모토로라만이 아닌 여러 회사의 운명을 좌우하였다. 1865년에 설립되어 핀란드의 대표기업이 된 노키아는 2011년까지 휴대 전화 분야에서 세계 시장 점유율 1위였지만, 현재 삼성 전자에 1위 자리를 내 준 뒤 계속 그 위상이 내려가고 있다. 점유율이 종래의 40%대에서 2013년에는 14.8%까지 떨어지는 바람에, 2012년도 영업 손실이 23억 유로를 기록하였고 매출이 1,000억 유로 단위에서 302억 유로로 격감했다. 이에 따라 2007년에 1,100억 유로였던 시장 가치가 2012년 5월에는 148억 유로로 8분의 1로 줄고, 다시 2013년 6월에는 109.9억 유로선으로 떨어졌다. 마침내 2013년 9월에는 54억 유로72억 달러에 기기사업부문을 마이크로소프트에 매각하였다.

그런가 하면 게임기의 일인자 닌텐도任天堂도 스마트폰에 적응하지 못하고 위Wii같은 고유의 플랫폼을 고집하다가 후쿠시마 대지진까지 덮쳐서 2012년 3월 결산에서 처음으로 적자회사로 전락했다.

위에 든 것은 대중의 취향이 스마트화되고 있는 것을 예측하지 못한 사례이지만, 미국에서 발생한 서브프라임 모기지Sub-prime Mortgage 파탄으로 2007년 6월에서 2008년 11월까지 사이에 미국인들은 순자산의 4분의 1 이상을 잃었다. 주식이 45%나 떨어졌고,

집값이 20% 떨어지는 금융대란이 일어났다. 그런 가운데 2009년 9월에는 리만 브라더즈Lehman Brothers와 여러 금융기관이 도산했다. 이 대란을 극복하기 위해 미국과 유럽 각국의 정부는 1조 5천억 달러를 투입했지만, 아직 세계적인 불황이 계속되고 있다. 그런데 이런 현상이 일어나던 초기에 어떤 모임에서 세계적으로 불황이 될 것 같다고 화제를 삼았더니 참석했던 고위층 인사가 별일이 아니고 얼마 가지 않아 진정된다고 단언했다. 평소에 신뢰도가 높은 사람이었기에 그의 말에 그런가 하고 넘어갔는데 이 사건은 전대미문의 금융파탄이 되었다. 이처럼 세계적으로 일어나는 경제변동은 경험이 많고 식견이 높은 사람조차도 쉽게 알아보지 못한다.

짐 콜린스의 말대로 교만과 방심으로 기업이 망한 사례를 들면 한이 없다. 1962년에 IBM의 유능한 영업사원이었던 로스 페로Ross Perot가 창업하여 정보처리부문의 세계 일인자가 되었던 EDS는 필자가 1987년에 LG CNS의 전신인 STM을 한국에 세울 때에 합작상대로 삼았었는데, 21세기 ICT 산업의 급격한 변화에 적응하지 못하여 2008년 5월에 휴렛 팩커드에 139억 달러에 팔리고 말았다. 그런가 하면 2012년 1월에 필름업계의 제왕 이스트만 코닥Eastman Kodac이 130년의 역사를 이어 가지 못하고 파산보호 신청을 했다. 아날로그에서 디지털로 영상 판도가 변하는 추세를 따라가지 못한 결과였다.

몰락을 가져오는 다음 단계는 지나친 욕심이다. 현상에 안주하고 변화를 거부하는 것도 위험하지만, 욕심이 도를 넘는 것은 더욱 위험하다. 욕심이 과한 임직원의 실책은 전통 있는 기업을 도산하게 한다. 특히 LMELondon Metal Exchange 같은 선물 시장에서의 투기는 많은 회사를 삼키고 만다. 1995년에는 200년이 넘는 전통을 자랑하던 베어링 브라더즈Baring Bothers는 싱가포르의 한 직원이 선물 시장에서 8억 2천7백만 파운드를 잃는 바람에 파산했다. 이 회사는 LG전자가 유로 시장에서 3천만 달러의 변동금리 채권을 발행할 때에 주 간사를 맡았던 회사다. 채권 발행이 완료된 뒤 필자더러 사외이사를 맡아 달라고 한 것을 거절한 적이 있었다. 만약 사외이사를 맡았더라면 어떤 곤란을 당했을지 생각만 해도 등에 식은땀이 흐른다. 선물 시장에서의 시세변동 예측은 신도 알 수 없다고 한다. 이런 시장을 상대해야 할 기업들은 직원의 과욕 행위를 사전에 적발하여 방지하는 실시간 규제 시스템을 구축해야 할 것이다.

기업주의 지나친 욕심 때문에 몰락하는 사례는 대단히 많다. IMF 때에 도산한 여러 기업이 이에 속하지만, 최근의 사례를 들자면 웅진그룹이 있다. 웅진그룹은 30년 전 교육출판 사업으로 시작해서 정수기 "코웨이"와 비데 "룰루", 공기청정기까지 히트 제품을 내어 한때 고성장을 구가했던 그룹이다. 그런데 2012년 9월에 그룹 계열사를 지배하는 지주회사 웅진홀딩스가 법정관리를 신청하는 사태가 발생했다. 웅진의 부진은 건설업계 진출 등 무리한 확장 정책 탓이었다.

그러나 근본적인 사업 전환을 시도해서 성공한 사례도 많다. 대표적인 것이 두산 그룹이다. 두산은 90년대 중반부터 인구 증가율이 둔화하자 맥주 등의 음료 사업이 어려워진다고 생각하여 환골탈태적換骨奪胎的인 구조조정을 단행했다. 먼저 1조 1,000억 원의 현금을 확보하고 부채비율도 625%에서 159%까지 낮췄다. 이를 토대로 두산은 한국중공업2000년, 고려산업개발2003년, 대우종합기계2005년를 잇따라 인수했다. 그리하여 2003년에 들어 산업재 매출 비중이 70% 이상으로 급증했다. 이런 M&A는 그룹 내 인재만으로는 사고방식의 폭이 넓지 못해 추진이 어려웠다. 그래서 두산은 세계적인 컨설턴트인 맥킨지 등 외부인력을 영입해 전략적 M&A를 추진했다. 그리고 경기의 영향을 덜 타는 산업재 분야를 선택했다. 그 결과 발전설비와 담수화설비 등 세계적인 중장비를 생산하는 그룹으로 변신하는 데 성공했다.

세상에는 새로운 아이디어를 갖고 사업을 시작하는 사람들이 속출하고 있다. 그러니 기업을 하는 사람으로서 날마다 새로운 것을 찾아 나서지 않을 수 없다. 그리고 새로운 아이디어는 결코, 하늘에서 갑자기 떨어지는 것이 아니다.

일찍 세계적인 발명왕 토머스 에디슨이 말했다.

"99%의 노력이 있어도 1%의 영감이 없으면 성공할 수 없다."

특허의 수효만도 1,300여 개를 얻었던 그는 뒤에 GE를 설립했는데, 그가 말하는 1%의 영감은 다음과 같은 방식으로 얻어질 수 있는 것이 아닌가 한다.

① 사물을 보는 시각이 넓고 치우치지 않아야 한다.
② 사물을 꿰뚫어 보는 힘을 기른다.
③ 맡은 일에 대하여 확고한 자신을 가진다.
④ 지칠 줄 모르는 탐구심을 갖는다.
⑤ 널리 사람들과 사귀고 독서를 게을리하지 않는다.

LG전자에서는 자기파괴를 통해 날마다 새로워져야 살아남는다는 생존의 대원칙을 실천하기 위해 "수퍼 A TDR"을 추진하고 있다. 이는 1995년부터 2003년까지 추진되었다가 일시 중단했던 것을 다시 2011년에 부활시킨 것으로 기술, 개발, 원가, 판매 분야 등에서 전사 핵심 과제를 선정, 집중적으로 추진해 최고의 성과를 창출하려는 LG전자 고유의 혁신활동이다. LG전자는 매년 "경영혁신활동 지식공유의 장"으로 "수퍼 A TDR 성과 발표회"를 개최하여 전 세계의 사내 혁신 성공 사례를 공유하고 시상하고 있다.

TDR Tear Down and Redesign이란, 기존의 모든 프로세스를 "완전히 허물고 새롭게 다시 설계"해 최고의 성과를 창출하는 LG전자 고유의 혁신활동으로 "전사 수퍼 A TDR", "사업본부 TDR", "사업부 TDR"의 3단계로 운영된다. 기술, 개발, 생산, 마케팅 등 관련 분야의 전문가가 모여 3개월~12개월간 상근체제로 특정 과제 해결을 목적으로 활동한다.

원래 TDR은 산업공학적인 방법으로 모든 제품과 프로세스

를 철저히 분해하여 고객 만족도 향상을 위해 재설계하는 활동
으로 초기에는 밀실에 1주일 정도 관련 분야의 전문가가 모여서
10%대의 개선이 아닌 30%~50% 수준의 혁신 방안을 찾아내도
록 했었다. 지독한 작업으로 "눈물을 짜는 방Tear Drops Room"이라
는 별명이 붙을 정도였는데, 모든 참가자가 예지를 발휘하고 열
정을 쏟아 신제품이나 프로세스를 개발했다. 고객은 가볍고Light,
휴대할 수 있고Mobile, 다양한 기능Multiple과 대용량Capacious을 적정
한 값Buyable Price으로 살 수 있게 되기를 바란다. 그러면서도 아름
답고 멋있어서Fancy and Smart 남에게 뽐낼 수 있으면 최고로 생각한
다. 이런 고객의 욕망을 채우기 위해 무엇을 없애고Delete, 늘리고
Increase, 줄이고Reduce, 창조Create할 것인지 전문가가 모여서 토의하

[**획기적인 신제품의 개발**]

TDR = Tear Down & Redesign

Idea　　Group Discussion　　Mentoring　　Success!

Delete　Increase　Reduce　Create

· Light(輕)　· Volume(大)
· Mobile(動)　· Small(小)
· Multiple(多)　· Beautiful(美)
· Cheap(廉)

여 참신하면서도 실현 가능한 방안을 찾아내는 것이 TDR이다. 이런 혁신활동의 과정에서 시대를 바꾸어 놓은 스마트폰이 나왔는데 그 밖에도 많은 신제품이 탄생했다. 브라운관을 대신한 LCD 평면 TV, 주부 만족도 최고의 전자밥솥이나 세탁기 등이 가전제품 분야에서 나왔고, 전기자동차나 자동조종 자동차의 출현이나 원격 의료 시스템, 온라인 뱅킹과 트레이딩, E-교육 시스템 등 열거하자면 끝이 없다.

07

IT를 경영에 활용하지 않고는
경쟁에서 살아남지 못한다

제3장

자기파괴는 개인이나 상품에서만 일어나는 것이 아니다. 어떤 기업도 21세기에서는 IT를 활용하여 기존 시스템을 고치지 않으면 경쟁에서 이길 수 없다. 그 대표적인 것만 들어도 경영자원계획ERP, 고객관리시스템CRM, 공급망관리SCM, 경영정보Business Intelligence, 빅 데이터Big Data, 고급분석Advanced Analytics 등 머리가 어지러울 지경이다. 그러나 이제는 중소기업도 그런 시스템을 마음대로 구사할 수 있어야 경쟁에서 살아남을 수 있는 세상이 되었다. 하나하나를 설명하려면 한이 없기 때문에 그 가운데 대표적인 것으로 경영자원계획에 대하여 개략적으로 설명해 둔다.

경영자원계획을 도입하면 20%의 재고 절감을 기대할 수 있고 창고비, 하역비, 수송비 등을 줄이고 재고의 파손이나 진부화를 사전에 막을 수 있어서 5~10%의 원가 절감을 할 수 있는 것이 보통이다. 적기 공급 생산 방식을 실시하여 필요한 자재만 확보하게 되기에 여유 자금을 다른 곳으로 돌릴 수 있다. 경영자원계획에 의해 예측이 더욱 정확해져서 적기에 자재를 주문할 수 있고 급하게 조달하지 않아도 되기 때문에 구매부서에서 구매조건을 개선하여 5% 정도의 단가 인하를 교섭할 수 있다. 본사의 생산계획이 정확해지면 외주 협력 기업의 생산성도 재작업이나 잔업의 감소로 크게 향상된다. 이에 따라 협력업체에서도 설비가 줄고 10% 정도의 인건비 축소가 가능하다.

경영자원계획의 두 번째 효과로는 영업과 고객서비스의 개선을 들 수 있다. 생산과정에 주문사양의 변경을 적시에 최대한 반영함으로써 고객만족도가 올라가고 판매가의 10% 정도의 효과를 얻을 수 있다. 매출 채권 관리도 개선되어 수금 기간을 단축해 자금 흐름이 좋아질 수 있다. 설계에서 생산과 영업에 이르는 모든 부서가 공동 데이터베이스DB를 사용하기 때문에 변경 조치에 빠르게 적응할 수 있다. 공동 데이터베이스의 활용으로 청구서가 정확해지고 원가계산, 총계정 원장, 계정 명세서 등을 자동으로 작성할 수 있게 된다. 게다가 별도 작업 없이도 각종 보고서를 수시로 작성할 수 있어서 의사결정이 신속 정확하게 이루어진다. 일반적으로 경영자원계획이 제공하는 모듈Modules은 아래와 같다.

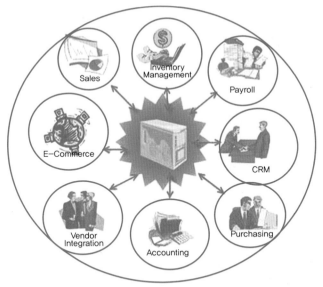

By Lawrence Anderson, Published June 14, 2012

① 재무회계Financial Accounting: 총계정 원장, 각 계정 명세, 재무
수지.

② 관리회계Management Accounting: 예산과 실적관리, 원가계산,
활동기준원가계산Activity Based Costing.

③ 인사관리Human Resources: 채용, 교육훈련, 급여, 복리후생, 퇴
직자 관리.

④ 생산관리Manufacturing: 소요부품과 자재Bill of Materials 설계, 작
업지시, 생산일정관리, 생산용량관리, 작업흐름Workflow 관
리, 품질관리, 프로세스 관리, 제품수명주기관리Product Life
Cycle.

⑤ 공급망관리SCM: Supply Chain Management: 공급과정 기획, 공급 일정관리, 재고관리Inventory Management, 고객 통합관리Customer Integration, 현금지급조건 주문, 구매, 제품구성 계획, 고객 불만 처리.

⑥ 프로젝트 관리Project Management: 프로젝트 기획, 소요 자재 기획, 프로젝트 원가관리, 프로젝트 각 단계별 시간과 비용 관리, 성과관리.

⑦ 고객관리CRM: Customer Relationship Management: 판매와 마케팅, 수수료 관리, 서비스 관리, 고객 접촉 실적, 콜 센터 지원.

⑧ 전자 상거래E-Commerce: 고객관리, 공급일정관리, 발주 및 지급 확인, 납품의뢰, 배송확인, 고객 불만 처리.

경영자원계획을 도입하면서 주의해야 할 것은 기업 자체의 환경에 맞게 시스템 변경을 주문하면 큰 혼란이 일어나서 실패할 경우가 많다는 점이다. 경영자원계획 적용을 위해 시스템에서 요구하는 사항을 모두 만족하게 하려면 철저한 교육훈련과 함께 전 임직원의 의식 구조를 경영자원계획의 요구 사항대로 받아들이도록 바꾸어 나가야 한다. 그래서 도입 초기에서부터 설치 운영에 이르는 작업과정을 철저히 준비해 나가야만 성공할 수 있음을 명심해야 한다. 전통적인 경영자원계획이 제공하는 기능 중 부족한 부분이 지적되다 보니 더 효율적인 고객관리나 공급사슬관리 시스템을 별도로 공급하기 시작했고, 최근에는 Web이나

e-Business에 맞는 경영자원계획을 제공하기도 한다.

"중소기업의 평균 투자 대비 효과가 대기업의 절반 수준인 150% 정도밖에 안 되고 국내 대기업은 약 300~400%, 해외 선진기업은 500% 이상의 성과를 얻고 있다"고 하면서 중소기업의 경영자원계획 효과가 낮은 이유로 한국정보화진흥원에서는 아래와 같은 지적을 한 적이 있다. 참고할 만하다.

- 유명무실한 TF_{Task Force} TEAM 운영.
- 최고경영자의 경영자원계획 도입에 대한 의지와 준비 부족.
- 조직 구성원들의 막연한 불안감에 의한 반발.
- 조직 구성원들에 대한 사전 교육 부족.
- 경영자원계획 도입 후의 지속적인 교육과 자발적인 업무적용 환경 도출 실패.
- 경영자원계획 도입 후 경영자의 성급한 효과 기대.
- 경영자원계획 구축 회사의 역량 부족.

경영자원계획를 도입하려면 이를 수용할 수 있는 기계장비와 소프트웨어가 필요해진다. 사용하려는 소프트웨어에 따라 기존 기계장비의 여력이 모자라면 이를 교체하거나 증설해야 할 것이며, 소프트웨어를 사용하기 위한 ERP 공급업체의 자문과 지원을 받아야 한다. 대체로 기업의 규모에 따라 수천만 원으로부터 수십억 원의 도입비가 든다. 또한, 성공적인 도입이 된 뒤에도 경영자원계획의 유지보수를 위해서 소프트웨어 가격의 2.5% 정도는 매년 준비해야 한다. 경영자원계획의 공급업체로는 독일의 SAP, 미국의 오라클, 마이크로소프트 등의 대형종합공급자와 많은 군소 업체들이 있고 국내에서는 LG CNS, 삼성 SDS, 영림원 등이 있다. 작년부터 SAP는 SAP HANA라는 플랫폼 서비스$_{PaaS}$를 개시하여 클라우드 컴퓨팅 시대에 대응하기 시작했다. SAP HANA는 임베디드 데이터베이스$_{EDBM}$라고 하여 데이터베이스를 디스크 대신 주 메모리에 싣기 때문에 그 속도가 대단히 빨라 실시간 경영$_{Real Time Management}$을 가능하게 해 준다. 임베디드 데이터베이스를 공급하는 회사는 이 밖에도 IBM, 오라클, 마이크로소프트를 비롯해 속출하고 있어서 바야흐로 실시간 데이터 검색을 하면서 행동을 할 수 있는 환경이 되고 있다.

IT를 경영에 활용하려고 해도 기계와 소프트웨어를 사고 요원을 훈련시켜야 하기 때문에 걱정을 하는 경영자를 과거에 많이 보았다. 지금은 클라우드 컴퓨팅이라 하여 IT 장비를 사용하는 시간만큼 비용을 내도 되는 시대가 되었다. 시설을 제공하는 클라우드 서비스인 IaaS$_{Infrastructure as a Service}$, 소프트웨어를 제공하는 SaaS$_{Software as a Service}$, 개발자를 위한 일련의 서비스를 할 수 있는 플랫폼을 제공하는 PaaS$_{Platform as a Service}$ 등이 있어서 기업이 쉽게 IT를 활용할 수 있다.

08

파산했던 GM이
재생한 얘기에서 배우자

20세기 후반에 세계 제일의 자동차 회사였던 미국 GM의 회장 로저 스미스Roger Smith는 1981년에서 1990년까지 9년간을 일하면서 46%였던 GM의 시장 점유율이 35%까지 떨어지고 파산 직전에까지 이르게 했다. 그 바람에 CNBC미국의 경제 및 금융 전문 방송 채널가 사상 최하의 CEO라고 평할 정도가 되었다. 스미스 회장은 일단 결정하면 불도저처럼 밀어붙이는 사람이었다. 그런데 회장직을 물러날 때 다음과 같이 말했다.

"가장 힘든 것이 임직원의 일하는 스타일을 고치는 것이었다. 산꼭대기에 오르기로 하고 열심히 올라가다가 내려다보면 임직원들이 모여서 회장이 올라가고 있는데 우리도 가야 하느냐 하고 산 아래에서 토의하고 있었다."

그는 대단히 의욕적인 사람으로 재무담당 이사로 있을 때에는 디트로이트Detroit에 있는 GM 본사 건물을 하루아침에 옮길 수 있는 사람이라는 평을 받았던 사람이다. 그런데도 GM의 문화를 바꿀 수 없었다. 이를 두고 EDS를 창립했던 로스 페로Ross Perot 회장은 1988년 「포춘Fortune」지와의 대담에서 스미스 회장을 다음과 같이 크게 비난했다.

> "사람들이 저마다의 능력을 발휘해서 일할 수 있도록 하지 않는 것이 문제입니다. GM의 시스템이 그렇게 만들고 있어요. GM의 시스템은 안개로 만든 담요blanket of fog 같아서 사람들이 마땅히 해야 한다고 알고 있는 일도 못 하게 해요. EDS에서는 뱀을 보면 바로 잡아 죽입니다. 그런데 GM에서는 뱀을 보면 먼저 뱀 전문 컨설턴트를 채용합니다. 그리고는 뱀에 관한 위원회를 만들고 여러 해에 걸쳐서 논의하지요. 해야 할 일은 하나도 하지 않고. 뱀이 아무도 물지 않았다고 공장 바닥에 기어 다니도록 내버려둡니다. 뱀을 처음 발견한 자가 잡아 죽이는 환경이 되어야 하는데."

아무리 소신이 있더라도 이를 임직원에게 전파하여 함께 추진하는 설득력이 없으면 실패한다는 사실을 알려주는 대표적인 사례다.

GM은 그래도 1931년부터 2007년까지 77년 동안 세계 제일의 자동차 회사로 군림하면서 전 세계 150여 공장의 34만 9천 명의 직원을 고용하고 있었다. 그러다가 2008년에서 2009년까지 계속된 불황과 혹독한 경쟁에 이기지 못하여 2009년 6월에 Chapter 11의 파산 기업 법정 관리에 들어가고 말았다. 그리하여 2010년에는 1위의 자리를 빼앗기고 말았다. 수십 년간 GM의 경영진은 단기적인 수익에만 치중하면서 시장 점유율을 최고 53%에서 19%까지 떨어뜨리고 말았다. 세계적인 경쟁에서 뒤지고 고객의 기호 변화에 따라가지 못하고 노사 분규 속에 의료복지와 노동조합 연금 부담을 이기지 못하여 2008년 가을에 시장 전체가 붕괴하였다.

2009년 7월에 오바마 대통령의 간곡한 요청으로 GM의 이사회에 합류한 휘태커Edward Whitacre회장이 12월에 대표이사 회장으로 GM의 재건을 진두지휘하게 되었다. 미국 최대의 통신회사인 AT&T에서 간부들이 반대하던 애플의 아이폰을 과감하게 채택해서 스마트폰 시대를 열게 한 그는 GM의 대표이사가 되면서 2년 이내에 흑자를 내고 7년 이내에 정부에 진 빚을 갚겠다고 약속했다. 당시 미국의 소비자들은 GM의 품질 불량에 짜증이 났고 국민의 혈세로 이 회사를 구제하는 일을 못마땅하게 생각하고 있었다. 얼마 지나지 않아서 일본의 토요타 자동차의 품질에 문제가 생겼다. 휘태커 회장은 이런 기회를 놓치지 않고 품질 좋은 GM 차를 만들겠다고 주장하며 시장 점유율을 높여 나갔다. 동시에 과감한 개혁을 신속히 취했다. 새턴Saturn, 허머Hummer, 사브Saab, 폰티악Pontiac같은 결손 부문 차종을 과감히 삭제했다. 그리고 다단계로 된 경영 계층을 축소했고 화석처럼 되어 버린 위원회 조직을 폐지했다. 그러면서 세계적인 과잉 재고를 줄여나가며 1,350개의 성적이 낮은 대리점을 정리했다. 이런 일은 사내외로 인기 없는 조치였으나 40년간 GM을 좀 먹어온 재경 중심의 "분석형 마비 증세analysis paralysis"를 치유하는 데 필요한 일이었다. 그와 동시에 공공 좌석에 나서 연설을 하고 기자 회견이나 광고에 참여하면서 미국 대중에게 직접 호소해 나갔다. 고객의 신임을 얻기 위해 직접 나서서 GM의 승용차와 트럭의 높은 품질을 부각시켜 나갔다.

5년간 적자를 기록한 GM을 3개월 만에 흑자로 전환시킨 그는 2010년 10월에 대표 이사직을 애커슨Dan Akerson에게 물려주고 연말까지 회장으로 일하다가 퇴임했다. 지금 GM은 세계 자동차 시장의 일인자로 2010년 이후 계속해서 흑자를 내고 있다.

2013년 10월에 휘태커 회장이 미국의 성 메리 대학교St. Mary's University의 빌 그리히Bill Greehey 경영대학원에서 특강을 하면서 학생들의 질문에 그가 빈사 직전의 GM을 어떻게 재생시킬 수 있었는지에 대하여 답변한 내용을 동 대학의 임성배 박사가 다음과 같이 전해 왔다. 흑자 경영을 이루기 위해 무엇을 해야 하는지 시사하는 바가 많다.

1) 경영자에게 가장 중요한 것은 "해당 산업의 기술"이 아니라 "인적자본 관리human side management"라는 신념이다.
2) "내가 대접받고 싶은 대로 남을 대접treat people around like you want to be treated"하면서 지위고하를 막론하여 종업원들을 존중하고 권한을 위임하였다. 권한에 따른 책임감을 부여

한 후 비전을 공유하고 일해나가면 좋은 결과를 얻을 수 있다. 권한을 손에 쥐고 세세한 부분까지 관리하면micro-management 동기부여도 어렵고 회사를 위해 필요한 미래의 리더를 양성할 수 없다. 권한을 주었을 때 "헌신적인 종업원engaged employee"이 생기고 존중을 하였을 때 종업원들이 경영진을 위해 힘을 합쳐준다.

3) 회장으로 취임한 바로 다음날 강하기로 소문난 자동차 노조의 위원장실을 찾아갔다. 내가 세운 비전인 "세계 최고의 품질을 가진 차를 만들자"라는 목표를 위해 서로 힘을 합치자라는 이야기를 하였더니 GM 역사상 회장이 노조위원장실을 직접 찾은 것은 처음이라며 노조 위원장이 흔쾌히 의기투합해왔다. 만나자마자 내가 대접받기 원하는 대로 남을 대접하라는 철학을 실천하였을 때 최고의 강성노조 위원장도 마음을 열었다. 그 이후 경영진과 노조는 긴밀한 협력을 하며 비전을 위해 함께 나아갈 수 있었다.

4) "숫자보다는 미래의 혁신적 가치에 무게"를 두고 제안을 받아들이는 모험을 해나갔는데 그것이 성공으로 이어졌다. 과감하게 방아쇠를 당기는 결단력이 중요하다.

5) 모든 일을 단순simple하게 다루는 것이 중요하다.

제
4
장

1조 원
회사가
되려면

01

매출규모 1,000억 원 회사가
해마다 26% 성장하면
10년에 1조 원 회사가 될 수 있다

신 나는 사업을 시작한 뒤, 몇 년간 이익을 내어 제법 기업의 형태를 갖추었다. 한순간 마음을 놓았는데, 성장 속도가 둔해지기 시작해서 다들 고민에 빠진다. 누구나 성장을 원한다. 개인이나 기업만이 아니라 국가도 번영을 위해서 성장이 필수다. 성장은 일자리를 마련해 주고, 새로운 투자를 할 수 있는 재원을 제공하면서 일을 잘하고 있다는 만족감과 행복감을 느끼게 한다. 그러나 꾸준히 성장하는 일은 대단히 어렵다. 단기간의 성장은 비교적 쉬운데 10년이고 20년, 30년의 장기간에 걸쳐서 계속 성장해 나가려면 남다른 노력이 있어야 하고 그 나름의 비결이 있는 법이다.

1조 원 회사가 되기 위한 바람직한 성장률을 찾아보았다. 현재

1,000억 원 정도의 매출규모가 되는 회사가 10년 이내에 1조 원의 매출을 달성하려면 해마다 26%의 성장을 해야 한다. 해마다 10%씩 성장한다면 10년 후에 2.6배, 20년 후에 6.7배, 30년 후에 17.4배가 된다. 20년이 지나도 6,700억 원밖에 안 된다. 그런데 26%씩 성장하는 경우에는 10년 후 10.1배, 20년 후 102배, 30년 후 1,026배가 되니 10년 후에는 1조 원, 20년 후에는 10조 원이 된다.

26%의 성장률은 그렇게 어려운 것이 아니다. 국내외에서 상당히 많은 기업이 그런 정도의 성장률을 달성하고 있다.

LG 그룹의 창업자 구인회 회장이 사업을 시작할 때에 그의 선친께서 "무슨 사업이든지 10년은 해 보아야 한다"고 당부하셨다.

구인회 회장은 이 말씀을 평생 잊지 않고 실천했다. 필자도 LG CNS를 시작할 적에 그런 가르침에 따라 10년간의 장기계획을 작성하면서 아직 매출이 1,000억 원에 미달할 때인데도 10년 뒤에 1조 원을 달성하기 위한 전략회의를 가졌다. 해마다 26%를 성장하면 10년이면 1조 원 회사가 될 수 있다고 주장하니까 임직원들이 너무 부담스러워 했다. 그래서 1,000억 원을 깎은 9,000억 원으로 성장 목표를 정했다. 모두 터무니없는 숫자라고 뒤에서 비웃었던 모양인데, 막상 10년이 지나고 나니 1조 원 고지를 달성할 수 있었다. 많은 장애가 있었지만, 임직원이 일치단결해서 극복해 나갔다. 그런 속도가 계속되었다면 20년이 지난 2007년에는 LG CNS의 매출이 10조 원쯤은 되었어야 하는데, 여러 가지 사정으로 2012년이 되어도 3조 2천5백억 원의 매출밖에 달성하지 못하고 있다. 규모가 커지면 성장률이 둔화한다고 생각하는 사람들은 이런 현상을 당연시하고 있다. 그러나 과연 그런 것일까?

02

거대한 소프트웨어 시장 속의
한국 기업

제
4
장

소프트웨어와 서비스 분야는 세계 시장에서 고도성장을 해왔다. 이 분야의 최대 기업으로 IBM을 들 수 있는데, IBM의 소프트웨어와 서비스 부문 2011년 매출액이 848억 8백만 달러로 원화로 93조 원이다. 이는 LG CNS의 30배 규모다. 「소프트웨어 매거진 Software Magazine」 2012에서 발표한 "Software 500 Companies"의 상위업체 순위를 별표에 담았다. 이 표에 맞추어 삼성 SDS와 LG CNS의 세계 순위를 매겨 보았다. 그랬더니 삼성 SDS는 인도의 WIPRO위프로, 인도 정보통신 서비스 업체 다음인 24위였고 LG CNS는 35위였다.

소프트웨어와 서비스 매출액의 상위 10개사에는 미국 회사 7개, 독일 1개, 프랑스계 미국 회사 1개, 일본 회사 1개가 있다. 한국 회사들의 규모가 작아서 아직은 더 육성하여 세계 시장에서

싸울 수 있도록 힘을 실어주어야 하는데도 최근 이런 회사들의 정부 프로젝트 참가를 규제하여 힘들게 만들고 있어서 안타깝기 한이 없다. 세계 어느 나라에서도 이런 일은 없다. 대기업이라고 규제하는 것은 어불성설이다. 반도체나, TV, 자동차, 선박에서 그런 일은 생각도 하지 못할 일이다. 그런데도 세계 수준에 비하면 아직 규모가 작은 SI_{Systems Integration}기업들이 정부 프로젝트 참여를 못하게 만들고 있으니 참으로 딱한 일이다.

세계 시장은 넓고 크다. 삼성 SDS나 LG CNS가 좀 더 일찍 세계 시장 진출에 나서고, 이들을 범국가적으로 지원했더라면 지금쯤은 세계 랭킹 상위에 올랐을 것이다. 삼성전자의 휴대전화기가 불과 10년 만에 세계 정상을 차지하지 않았는가?

▶ 별표: 주요 SI 및 소프트웨어 회사의 세계 순위
「Software Magazine」 2012: Software 500 Companies

단위: 100만 달러

순위	회사명	소프트웨어와 서비스 매출액	총 매출액	종업원 수	소프트웨어 사업부문
1	IBM Armonk, NY, US	$84,808	$106,916	463,869	Middleware, App-server, Web-server
2	Microsoft Redmond, WA, US	$60,399	$69,943	89,000	Operating System
3	Hewlett-Packard Palo Alto, CA, US	$39,171	$130,687	324,000	SI Services, IT Consulting
4	Oracle Redwood Shores, CA, US	$28,678	$35,622	105,000	Database
5	Accenture New York, NY, US	$25,507	$27,353	204,000	SI Services, IT Consulting
6	EMC Corporation Hopkinton, MA, US	$20,008	$20,008	48,500	Information Management
7	SAP Walldorf, Germany	$18,464	$18,464	53,513	Enterprise App, Data Integration
8	Computer Sciences Falls Church, VA, US	$16,042	$16,042	94,000	ERP
9	Capgemini New York, NY, US	$15,546	$15,546	125,110	SI Services, IT Consulting
10	Hitachi Tokyo, Japan	$14,916	$21,526	359,746	Infrastructure/ Network Man- agement
15	TATA Consulting Mumbai, India	$6,334	$6,334	160,429	SI Services, IT Consulting
21	Infosys Technolgies Bangalore, India	$4,804	$4,804	113,800	SI Services, IT Consulting
23	Wipro Bangalore, India	$4,505	$6,050	108,000	Outsourcing Services
24	Samsung SDS Seoul, Korea	$4,132	$4,132	14,300	SI Services, IT Consulting
35	LG CNS Seoul, Korea	$2,768	$2,768	10,000	SI Services, IT Consulting

제
4
장

03

고도 성장이 가능한
IT 분야

회사가 급신장을 시작하기까지 준비 기간은 회사마다 다르다. 예를 들면 구글은 창업 2년 후에 그리고 시스코는 7년 후에 급신장의 발동이 걸렸다. 그런데 둘 다 급신장을 시작한 지 4년 만에 10억 달러 회사가 되었다.

한국 기업 가운데 창업 후 10년 만에 1조 원의 매출을 올린 회사는 정보통신 분야에 더러 있다. 그중 하나를 든다면 NHN창업주: 이해진, 사장 김상헌이 있다. 1999년 6월에 네이버컴www.naver.com을 설립하여 사업을 시작한 이 회사는 9년 후인 2008년에 매출액 1조 원을 돌파하고 단기 순이익 1,013억 원을 달성했다. 그 뒤로도 계속 성장하여 12년 만인 2012년에 2조3,893억의 매출액을 올렸다. 이 회사는 국내 최대 인터넷 게임 포털로 네이버와 한게임을 중심으로 인터넷에 검색광고, 디스플레이 광고, 온라인 게임 등의 서비스를 제공하면서 당기 순이익도 5,456억 원을 올려 우량기업으로 성장했다. 이 회사는 탄생할 때부터 세계 시장을 대상으로 서비스를 전개했고 일본, 미국, 중국 등에 진출해서 활동하고 있다.

이 가운데 일본의 NHN Japan가토 마사키 사장은 스마트폰 게임 사업 전개를 위한 LINE주식회사모리가와 아키라 사장를 산하에 두고 풍부한 기술력과 변화, 스피드에 대응하는 팀워크를 구사하여 고객에게 감동과 기쁨을 주는 서비스를 제공하기 위해 매진하고 있다. LINE은 일본, 스위스, 홍콩, 대만 등 전 세계 44개국에서 다운로드 1위에 오르고 231개국에서 1억 5천만 명이 활용하고 있다. 서비스 내용은 사진과 동영상 찍기, GPS 및 네트워크 기반 위치 파악, 메시지, 네트워크 통신, 전화 등의 서비스로 국내 이용자보다 해외 이용자가 많다.

또 다른 벤처기업의 하나로 '카카오'가 있다. 카카오톡은 스마트폰의 주소록을 기반으로 친구를 연결해 주기 때문에 지인 간에 동영상과 메시지를 쉽게 전할 수 있다. 그래서 다른 SNS보다 인기가 있다. 필자도 지난번 여수 엑스포에 갔을 때 휴대폰으로 사진을 찍고 바로 독일에 있는 아들에게 카카오톡으로 보냈다. 보낸 지 몇 분 뒤에 독일에서 메시지가 날아왔다. "아빠, 비 오는데 몸조심하십시오. 구경도 좋지만." 이런 대화가 엑스포 관람하는 동안 여러 번 있었다. 독일에서 일하고 있는 아들과 함께 엑스포를 관람한 셈이다.

카카오톡은 사용자가 메시지를 확인하면 서버에서 그 내용을 바로 삭제한다. 하지만 그 대신에 사용자의 전화번호와 e메일, 프로필 사진, 메신저 대화명 등을 모은다. 그래서 요즘 화두에 자주 오르는 빅 데이터를 확보하게 된다. 빅 데이터를 활용할 분야는 광범위하다. 예를 들면 백화점 할인 쿠폰 서비스나 판매촉진이나 연예인 홍보에도 활용할 수 있다. 그러나 카카오톡은 아직 핵심 수익 모델을 개발 중에 있다. 카카오는 공동대표 체제로 전환해서 이재범 대표가 급변하는 이동통신 시장에 대응하는 차세대 플랫폼 전략 개발에 주력하고, 이석우 대표는 마케팅과 대외 홍보를 맡고 있다.

이재범 공동대표는 1978년 7월 생으로 30대 중반이다. 서울대학교 산업공학과를 졸업한 뒤 3년간 사업을 하다가 2007년 1월에 김범수 의장의 연락을 받아 카카오의 대표이사를 맡게 되었다. 두 사람은 선후배 관계다. 김범수 의장은 한게임을 창업한 뒤 네이버를 키워 낸 NHN의 대표였다. 처음 창업할 때는 1억 원 정도의 소규모 자본으로 시작했다. 2013년 4월 현재 350여 명이 근무하면서 세계 시장 진출을 위한 기술 개발에 힘쓰고 있다. 아직은 수익모델보다 세계 시장에 진출하기 위한 소셜 플랫폼 개발에 주력하고 있다.

2013년 4월에 하이투자증권의 이상헌 연구원이 다음과 같이 보고했다. "카카오톡은 전 세계 8,300만 명이 가입해 사용하고 있고, 모바일 플랫폼을 통해 게임, 광고 등 비즈니스 모델을 확대하면서 흑자전환뿐만 아니라 매출 등이 급증하고 있다. 매출액은 2,500억 원 안팎이 될 것이다."

"국민 앱" 반열에 오른 이 회사는 가입자 증가에 따른 투자비용이 증가하여 한때 누적 결손이 100억 원대가 넘었다. 다행히 이 사업의 장래성을 평가한 중국 인터넷 기업 텐센트와 국내 온라인 게임사 위메이드 엔터테인먼트로부터 각각 720억 원, 200억 원 규모의 투자를 유치할 수 있었다. 텐센트는 1998년 11월 중국에서 설립된 인터넷 서비스 및 게임 서비스 전문기업인데 2011년에 매출액285억 위안약 6조 원을 달성했다. 55.5%가 게임인데 카카오의 지분 13.8%를 확보해서 제2주주가 되었다. 중국의 한국 모바일 시장 투자가 점증하고 있는데, 자체에서 개발한 WeChat메시지 교환 도구으로 동남아 시장에 진출하여 카카오톡의 해외 시장 확장을 막는 결과를 초래하여 업계에서는 걱정하는 사람이 많다. 그러나 카카오톡은 2012년 매출액 462억 원, 영업이익 70억 원으로 흑자 전환을 했다. 카카오톡은 게임과 카카오페이지 등 신규 수익 모델에서 오는 매출액 증가를 감안하면 2013년에는 매출액 5,000억 원에 영업이익 750억 원이 예상되고 있다. 특히 국내외 100종이 넘는 모바일 게임이 추가되고 있는데, 그 가운데 월트디즈니 등 인기 캐릭터를 앞세운 해외 게임회사의 참가로 게임 서비스가 열기를 더하고 있다. 이런 전망 때문에 카카오의 주식 2,600만 주액면 500원는 100배가 되는 5만 원을 넘을 것으로 평가되고 있다. 이 회사도 10년 이내에 1조 원을 넘는 회사가 될 것으로 생각한다.

위에서 열거한 분야 이외에도 오랜 기간에 걸쳐서 고속으로 성장한 회사들은 세계적으로 많이 있다.

1974년에 대만에서 전자부품 생산을 하기 시작한 혼하이鴻海 정밀산업Hon Hai Precision Industry Co.,Ltd은 특이한 방식으로 고도성장에 성공했다. 폭스콘이라는 상표로 전자기기부품을 생산하기 시작했는데, 2011년 매출액 3.5조 NT$와 영업이익 828억 NT$, 순이익 816억 NT$를 달성하고 계열회사 500여 개, 종업원 1백23만 명을 거느리는 세계 최대의 전자부품제조 및 ODM위탁생산: Original Design Manufacturer회사로 성장했다. 29.5NT$가 1 US 달러 정도가 되니 매출규모가 1,100억 달러120조 원가 넘는다. 이 회사는 미국, 유럽, 일본 등의 주요 IT업체의 제품을 생산해 주고 있는데 그 가운데는 애플의 아이패드, 아이폰, 아이팟, 아마존의 킨들, 소니의 플레이스테이션, 닌텐도의 Wii U 같은 세계적인 인기 제품들이 있다. 그 밖에도 HP, 마이크로소프트, 델Dell, 인텔, IBM, 시스코, 모토로라의 제품도 만들어 왔는데, 2012년 3월에는 일본 샤프의 최대주주가 되었다. 2001년부터 위탁생산 시장에 진입하여 10년 만에 33배가 되었다. 고도성장 요인은 부품 내재화와 금형 기술 확보에 있다. 이들은 금형 제조 기술자를 집중적으로 육성하는 학교를 설립해서 보통 3~4주 걸리던 금형 제조를 1주일이면 해 낼 수 있는 힘을 기르고 85%가 넘는 저렴한 중국인력을 활용해서 국제경쟁력을 길렀다. 특히 불황에 허덕이는 선진 기업들의 해외 공장을 인수하면서 생산능력과 고객을 확보해 나갔다.

한편, 삼성전자는 2001년에 매출 32조 원, 순이익 2조 9천억 원의 거대 기업이 된 후로도 10년간에 다섯 배가 넘는 성장을 해서 매출 165조 원, 순이익 13.7조 원을 달성했다. 2011년의 매출액은 달러로 환산하면 1,420억 달러로 전자전기 분야 세계 랭킹 1위인데 2위가 HP의 1,270억 달러, 3위 AT&T 1,260억 달러, 5위 히타치 1,120억 달러, 6위 애플의 1,080억 달러 순위이다.

삼성전자는 "세계를 부추겨 미래를 창조한다Inspire the World, Create the Future"라는 비전 아래 스피드 경영과 성과 중심의 인재육성을 주축으로 하여 성장을 거듭하고 있다.

04

빠르게 변하는 사업환경에
적응할 수 있어야 한다

항공편과 인터넷의 활용이 보편화되면서 세계가 하나로 변해 나가고 있다. 과거에는 한 달 이상 걸리는 먼 곳과도 일일생활권처럼 일하고 실시간으로 통화하고 정보를 공유한다. 고도로 발달된 센서와 구동기기actuator, 실시간으로 정보를 처리하여 의사결정에 도움을 주는 임베디드 데이타베이스EDBMS, LTELong Term Evolution 같은 초고속통신 시스템과 고속 인터넷 네트워크, NFCNear Field Communication 같은 근거리 무선통신의 등장으로 사물 간의 정보전달과 그에 따른 동작이 실시간으로 이루어지게 되었다. 여기에 더하여 대형 데이터센터와 통신망을 이용해서 누구나 정보처리를 큰돈 들이지 않고 할 수 있는 클라우드Cloud시대가 되었다. 휴대폰도 점점 소형화되어 안경, 손목시계형이 등장하고 있다.

수십만, 수백만으로 늘어난 앱App은 소비자가 편히 살 수 있도록 큰 도움을 준다. 페이스북, 트위터, 링크드인, 카카오톡 등 사람들 간의 문자, 음성, 사진의 무료 전송 서비스가 인기를 얻어 수천만에서 수억에 이르는 사람들이 서로 소식을 전하고 의견을 나누며 여론을 주도하는 세상이 되었다. 결과적으로 이집트를 비롯한 아랍국가에서는 정치체제를 개혁하는 사태까지 일어나고 있다.

빅 데이터라고 하여 10억10億: Giga, 10^9, 1조兆, Tera, 10^{12} 단위에서 경京: 1만 조: 10 Peta, 10^{16}, 해垓, 100 Exa, 10^{20}, 자秭, Yotta, 10^{24} 등 엄청나게 많은 방대한 정보를 통해 사람들의 행동방식이나 태도를 미리 분석하여 판매나 물자공급, 금융신용도 측정 등에 활용하는 세상이 되었다.

사람마다 전자화폐, 전자결제, 전자금융과 증권투자를 하게 되면서 점차 화폐마저 쓰임새가 줄어든다. 게다가 학교마다 화상회의Video Conference로 강좌를 열어서 통신교육으로 면허나 졸업자격을 주는 서비스를 하기 시작하고, 전자책e-book이 종이로 된 책을 대체하는 시대가 되었다. 그러다 보니 정보통신기기에 익숙한 세대인 10대, 20대, 30대와 이에 서투른 50대 이상의 세대 사이에 격차가 나날이 커지면서 새로운 갈등이 생기고 있다. 기술발전 속도가 워낙 빠르기 때문에 파괴적 혁신Disruptive Innovation이라도 해야 살아남게 될 것 같다.

최근에 "CEO information 804"에 파괴적 혁신Disruptive Innovation에 대하여

① 기존 산업 경쟁 질서를 변경한다.

② 다른 산업에 큰 영향을 준다.

③ 소비자의 행동이나 사고를 변화시켜서 새로운 시장과 사업을 창출하는 기술이다.

라고 정의를 내리고 있다. 그러면서 대표적인 파괴적 혁신 기술 일곱 가지를 아래와 같이 들고 있다.

① 웨이러블 컴퓨터

② 3D 프린팅

③ 상황인식 기술

④ 자동주행 차

⑤ 초경량 소재

⑥ 유전자 치료제

⑦ 차세대 배터리

이런 급변하는 환경에 적응하려면 어떻게 해야 하는가?

무엇보다도 먼저 세계 시장을 대상으로 사업을 해야 한다. 이제는 세계가 하나로 되어 가고 있으니 국내 고객만을 대상으로 제품을 개발하고 영업을 하다가는 다국적 기업의 먹이가 되기 십상이다. 세계 시장 가운데에서도 가장 크고 앞선 시장으로 진출해서 성공해야만 세계 시장을 장악할 수 있다. 세계 시장으로 진출하려면 그 시장에서 요구하는 표준에 적응해야 하고 그 시장 특유 고객의 기호를 맞추어 줄 수 있어야 한다. LG 그룹에서는 이를 두고 세계 시장의 다극화와 토착화를 추진한다고 했다. 예를 들어 인도에 진출하기 위해서는 인도의 불안정한 전압에도 작동할 수 있는 기기를 개발해야 했다. 러시아에 진출하면서도 러시아의 주거 공간에 들어갈 수 있는 냉장고를 개발했다. 기본 설계는 같더라도 지역별로 시장이나 고객의 기호에 맞는 설계를 첨가했다. 이런 일을 합리적으로 해내기 위해서는 제품 라인 엔지니어링Product Line Engineering: PLE이 크게 도움을 준다. EU에서 수십 년간 소프트웨어를 중심으로 PLE를 추진해 온 결과 승용차, 항공기, 의료기기 등에서 미국을 앞서기 시작했다.

이렇게 급속도로 변해 나가는 환경에 따라가는 일을 혼자 힘으로 해내는 것은 엄청나게 힘들다. 기술을 아는 사람을 기르는 데에도 몇 년이 걸리고, 특허권이나 저작권 같은 지적재산권도 확보해야만 특허 전쟁에 대비할 수 있게 된다. 시장, 고객, 인재, 기술, 자원을 한꺼번에 확보하는 방법의 하나로 M&A가 유행하고 있다. 2012년 마이크로소프트, 구글, 애플 같은 회사의 M&A 건수를 살펴보았다. 아래의 도표에 보듯이 구글은 2012년 한 해 동안 26건이나 M&A를 하기도 한다.

[20 ?년 마이크로소프트, 구글, 애플의 M&A]

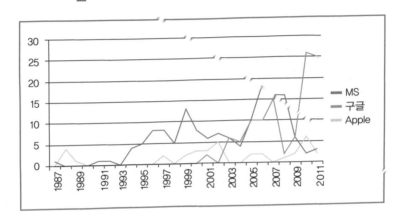

　　M&A는 관련된 기업들의 최고 경영진이나 기업주 간에 사전 합의 또는 양해가 있을 때에 성공 확률이 높다.

　　필자는 여러 가지 형태의 M&A에 참여한 경험이 있다. 전기기기, 엘리베이터의 경쟁 관계에 있던 서흥전기 인수, 금융시장 진출을 위한 부산투자금융 인수, 주식지분 확대를 위한 호남정유 주식 인수, LG 그룹 전기전자부문의 구조조정을 시도한 F88 등에서 여러 형태의 M&A를 겪어 보았다. 어느 경우에나 최고 경영진의 사전 양해가 있었던 뒤에 실사를 해 평가작업, 합병절차, 합병 후의 경영방식과 시스템 정비, 인사 배치 등을 추진해 나갈 때 원활하게 합병이나 인수가 마무리될 수 있었다. 그런데 M&A는 기업 성장에 필수이지만, 자칫 잘못하면 큰 탈이 나고 합병 당사자들이 곤란을 겪게 된다. 합병이나 인수의 세계적인 성공 사례와 실패 사례를 살펴보고 고도 성장에 공헌하도록 추진하는 방법을 잘 익혀야 한다.

05

CEO의 어려움

　어떤 조직이나 이를 이끌어 나가는 지도자는 외롭다. 직함이 회장이든 사장이든 간에 기업대표인 CEOChief Executive Officer가 되면 경영에 대한 장단기에 걸친 모든 책임을 져야 한다. 이사회나 자문 기관 등에 상의할 수 있지만, 최종 결정은 독자적으로 해야 하기 때문에 기업이나 기관의 대표는 밤낮으로 걱정에 시달린다.

　정보처리 센터를 부평에 건설할 때에는 자본금이 얼마 되지 않아서 막대한 자금을 장기 저리로 확보해야 했다. 합작한 미국의 EDS 측에서 부동산 투자에 반대하기에 이를 설득하느라고 한동안 옥신각신했었다. 그러나 한국산업은행이 도움을 주어 무사히 소요자금을 확보할 수 있었다. 온갖 정성을 다하여 일을 추진하다가 이 센터의 기공식이 되었다. 그런데 하늘에서 갑자기 천둥이 울리고 벼락이 치면서 폭우가 쏟아졌다. 엉겁결에 직원들로 하여금 우산과 우비를 들고 천막 안에 모신 손님들이 비에 젖지 않도록 씌워 드리라고 했다. 필자 혼자 우산을 쓰고 마당에 서서 인사와 경과보고를 하는 판국이 되었는데, 식이 끝난 뒤에 전에 상사로 모셨던 이재연 대선배가 "이 회사는 잘될 거야. 하늘이 축하의 폭죽을 터뜨리니."라고 말한 것이 아직도 귓전에 생생하다.

　전문적인 기술직을 뽑기에는 LG 그룹의 급여 체계가 맞지 않았다. 그래서 LG CNS만의 급여체계와 평가제도 및 이력 개발 시스템을 개발하고 사내 대학원을 설치했더니, 모범사례라 하여 그룹의 합동이사회에서 브리핑을 한 일도 있었다. 사업부와 고객 담당Account Manager제도를 만들어 이익을 관리하는 이익센터Profit Center로 삼아 고객 만족도와 종업원 만족도를 측정하면서 매월 12개월간의 손익 계획을 작성하게 했다. 처음에는 잘되지 않다가 차차 익숙해져서 언제나 1년 뒤의 사업 수익을 미리 챙길 수 있었다. 매월 서비스 대금을 다음 달 월 초에 현금으로 받아 오게 했는데, 날짜 안에 대부분 수금이 되었다. 고객의 불만도가 높으면 지급을 늦추는 사례가 생기지만, 매달 고객만족도를 점검해서 빠르게 개선해 나가니 다들 협조해 주었다. 그러다가 중기 계획을 작성하여 임직원 스스로 공동 목표를 설정하게 했는데, 처음에는 차질이 많았으나 차차 익숙해지니까 일하기가 쉬워졌다. 이때 비전을 "최적의 IT를 활용하여 고객에게는 성공과 만족을, 종업원에게는 기회와 보람을, 주주에게는 보답을 드리는 회사가 되자"로 정했더니, 뒤에 LG 그룹의 경영이념인 "고객을 위한 가치창조, 인간존중의 경영"에 수렴되어 순조롭게 경영을 할 수 있었다. 이런 여러 가지 일은 CEO 혼자서 할 수 있는 일이 아니다. 언제나 임직원과 호흡을 맞추면서 결정해 나가야 하고 임직원들이 하나가 되어 움직여야 원활하게 추진할 수 있었다. 교육과 훈련을 많이 했지만, 임직원들의 열의가 없었으면 불가능한 일이었다.

CEO로 있으면서 가장 힘들었던 것은 급속도로 발전하는 기술과 기업환경 속에서 회사를 어디로 이끌어야 하는가 하는 과제를 푸는 일이었다. 1986년에 창업을 준비하던 시기에는 대형 컴퓨터와 소프트웨어를 공동 사용해서 염가의 서비스를 제공하는 것이 대세였다. 그러나 얼마 되지 않아 중소형 컴퓨터를 엮은 클라이언트 서버client server가 유행하기 시작했다. 초기에는 클라이언트 서버의 대량정보 실시간 처리 능력이 부족했기 때문에 과감한 전환이 어려웠다. 이런 시기에 최대한의 안전과 보안을 확보할 수 있는 정보처리센터를 대규모로 건설하는 일은 대세에 어긋나는 일이라는 의견이 곳곳에서 나와 결정하기가 엄청나게 어려웠다. 세계 초일류 기업의 현황과 계획들을 직접 가보거나 살펴본 뒤에 투자를 결정했으나, 분산처리의 의견은 그칠 줄 모르니 큰 고민이 되었다. 심지어 일부 사원이 회사의 방침이 틀렸다고 전문 잡지에 인터뷰까지 하고 사보를 통해 구체적으로 부당한 사유를 싣기까지 했다. 오늘날에 와서는 시스템은 점차 클라우드화 되어가고, 스마트폰을 써서 대형 데이터센터와 고속통신망으로 연결하여 일하는 환경이 되었다. 이런 변화의 과정의 어떤 시점에서 어디에 투자하고 이를 운영할 인재를 길러야 하는가에 관해서는 아무도 종합적인 자문을 해 주지 않았다. 그래도 추세를 파악하고 10년을 내다보는 투자를 결정해야 하니 머리가 아파서 미칠 지경이었다. 모든 일이 전례가 없어서 스스로 생각해서 해결해 나가야 했다. 할 수 없이 세계 각국의 동업자를 찾아가 만났고 IBM, 오라클, 마이크로소프트, 휴렛 팩커드, 선 마이크로시스템 등을 방문하여 그들의 의견을 알아보았다. 그러면서 가트너 그룹, IDC 등의 IT 자문 기관에 가입해서 궁금한 사항에 관련된 기사와 논문을 수집하고 사내에 배포해서 임직원과 정보를 공유했다.

그러는 한편, 사원들의 의견에도 귀를 기울였다. 3년에서 5년 정도 된 중견 사원 10명으로 구성한 미래구상위원회를 만들어 매월 참석해서 얘기를 들었다. 사장이 참석한다고 처음에는 말을 잘 하지 않으려던 사원들이 한 시간을 말없이 듣기만 하는 사장을 아예 없는 것으로 간주하고 토론하기 시작했다. 토론 내용 가운데 쓸만한 아이디어는 임원회의에 올려서 채택해 나갔더니 그 다음부터는 사원들이 더욱 신나서 회사가 당면한 과제에 대한 토의를 진행했다.

오늘날은 전 세계적으로 초대형 데이터센터가 건설되어 데이터와 응용 프로그램을 보안이 철저한 저장소에 보관하는 것이 필수이다. 그러면서 서비스에 쓴 시간이나 정보량에 따라 비용을 받는 체제로 바뀌고 있어 이에 적응할 수 있는 시설 확보와 인재육성을 위한 투자를 해온 것이 효과가 있다는 것을 알게 되지만, CEO의 입장에서 재정적 부담과 위험도를 생각하면 결정하기가 참으로 어려운 일이었다. LG CNS는 인천, 서울의 상암과 가산 그리고 부산에 4개 센터 총 41,042㎡를 설립해서 일본, 미국, 중국, EU, 남아프리카, 컬럼비아, 뉴질랜드, 말레이시아 등 세계 각국에 서비스를 하고 있다.

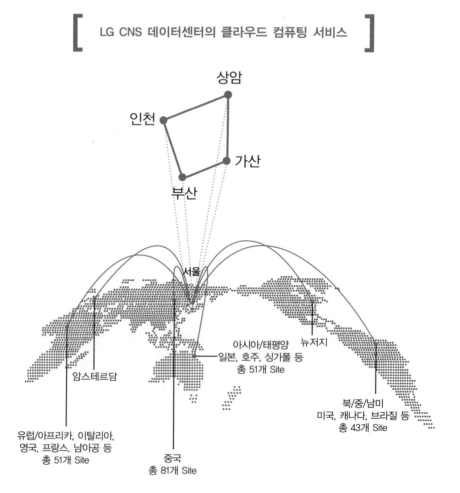

LG CNS 데이터센터의 클라우드 컴퓨팅 서비스

06

고도성장을 위해
CEO가 반드시 해야 할 일

고도성장을 위해 CEO가 반드시 해야 할 일을 생각해 보기 전에 나쁜 리더란 어떤 사람인가를 살펴보는 것도 크게 도움을 줄수 있다. 왜냐하면 나쁜 리더로 생각될 일을 하지 않는 것은 CEO의 기본 소양이기 때문이다. 나쁜 리더는 다음과 같은 사람이다.

① 현실에 안주해서 우물 안의 개구리가 된다.
② 비윤리적이고 사회에서 지탄받을 행동을 한다.
③ 불공평한 처사를 한다.
④ 체계적으로 일하지 않는다.
⑤ 남의 말을 귀담아들으려 하지 않는다.
⑥ 남을 설득하거나 일을 설명하는 능력이 모자란다.
⑦ 모든 것을 자기가 다 안다고 생각하여 처신한다.

⑧ 입이 험하다. 욕설을 자주 한다.

⑨ 냉소적이다. 무엇이든 삐딱하게 본다.

⑩ 부하를 친구처럼 대한다. 그러다 보면 리더로서의 위엄이 없다.

⑪ 이메일에만 의존하여 이메일의 노예처럼 행동한다.

CEO가 해야 할 일 가운데 가장 중요한 것은 사업 방향의 결정이라 생각한다. 2000년에 스티브 잡스가 스마트폰을 개발할 때도 그랬고, 그 뒤에 구글이 안드로이드를 사들일 때나, 한국의 삼성전자나 LG전자가 스마트폰을 개발할 때에 각자의 의사결정 속도 차이로 업적이 크게 달라진 것을 볼 수 있는데, 이를 통해 CEO의 역할이 참으로 크고 그 책임 또한 무겁다는 것을 깨달을 수 있다. 미래에 닥칠 환경 변화를 생각하지 않고 사업의 방향을 결정하면 크게 실패할 확률이 높다. 나쁜 리더의 첫 항에 "현실에 안주해서 우물 안의 개구리가 된다"고 한 것은 미래를 내다볼 눈이 없어서 우물 밖의 세계, 넓은 바다를 보지 못한다는 뜻이다. 구글의 슈미트 회장이 최근 맥킨지의 메니이커James Manyika 이사와 좌담한 자리에서 밝힌 미래에 대한 통찰은 모든 CEO가 참고로 해야 할 환경 변화를 언급하고 있다. 그는 디지털 혁명이 일어나 그동안 아날로그로만 다루어 온 바이오 분야에서 대변혁이 일어난다고 했다. 다음으로, 3D인쇄를 언급했다. 그리고 컴퓨터를 비롯한 자동화기기가 점점 지능화하여 인간과 친하게 지내게 되면서 기계가

할 일과 인간의 역할에 분담이 일어나게 된다고 했다. 가까운 미래에 대한 변화에 대하여 CEO가 열심히 공부하고 탐색하면 슈미트 회장 같은 통찰Insight 능력도 길러질 것으로 필자는 확신한다.

기업이 모시는 상사는 넷이다. 첫째가 고객이고 둘째가 종업원, 셋째가 주주, 넷째가 사회와 국가이다. 이 가운데 고객은 감동을 줄 것을 요구한다. 디자인이 화려하든, 가격이 싸든, 품질에 하자가 전혀 없든, 서비스가 좋든, 무언가 감동받기를 원한다. 고객은 감동을 받은 만큼 대가를 치른다. 고객에게 지속적으로 감동을 줄 수 있는 제품이나 서비스를 계속 개발하고 개량해 나가야 한다. 그리고 고객만족도를 제3의 기관에게 부탁하여 객관적으로 측정하고 연구소를 마련해서 해결책을 강구해야 한다.

일반적으로 조직 내부의 보고는 고객만족도가 괜찮은 것으로 나온다. 조직의 생리가 상사에게 비위에 거슬리는 보고는 마지막까지 안 하려 한다. 그러니 CEO가 직접 고객을 만나 확인하거나 3자를 시켜서 체계적으로 조사해서 보고를 받아야 한다. 어떤 회사에서 불만이 많다는 얘기가 있어서 그 회사의 사장을 직접 만난 적이 있었다. 그랬더니 불만 사항이라는 것이 대부분 하루 이틀이면 해결할 수 있는 내용이었다. 그래서 즉각 직원을 보내어 집중적으로 해결했더니 불만이 없어졌다. 이전 사내회의에서는 불만이 있다는 보고가 없었다.

종업원은 누구나 모두 보람 있는 일을 맡아서 칭찬 받을 성과를 내기를 바란다. 봉급이 많으면 더 좋고, 일하는 직장의 분위기가 좋으면 더 바랄 일이 없겠지만, 아무리 좋은 대우를 받아도 보람이 없고 성장할 기회를 주지 않으면 직원들은 떠난다.

스티브 잡스가 떠난 뒤 애플 직원들의 이력서가 실리콘밸리에서 떠돌아다닌다는 소문이 들려온다. 미국은 CEO가 아니더라도 고액의 연봉을 받는다. 「비즈니스 인사이더」의 보도에 의하면 연봉 1위는 래리 엘리슨 오라클 회장으로 9,620만 달러약1,060억원이지만 2위는 애플의 기술담당 수석 부사장인 밥 맨스필드Bob mansfield로 8,550만 달러약 940억 원라고 한다. 이런 높은 연봉을 주는 회사라 하더라도 회사의 장래에 기회와 보람이 없어지고 있다고 생각하면 직원들은 떠날 마음을 갖기 마련이다. 국내 기업이 아무리 급여제도를 개선해도 다국적 기업에 비하면 미흡한 점이 많다. 이를 보완하기 위해서도 임직원이 보람을 느낄 수 있도록 사업영역의 개발과 확장, 그리고 이를 해낼 수 있는 인재육성 시스템의 확충은 CEO가 한시도 소홀히 해서는 안 되는 일이다.

그런데 아무리 중요한 결정을 CEO가 한다고 해도 임직원들을 포함한 이해 관계자가 이를 지지하지 않으면 실천에 옮길 수 없다. 그래서 CEO는 자기가 믿고 추진하는 일에 대하여 사내 외에 설득해 나갈 전도사가 되어야 한다. 이 일을 소홀히 하면 시간이 흐르면서 조직 전체가 흔들리는 것을 느낀다. 한국도 예외가 아니다. 대기업이나 중소기업 할 것 없이 사장이 독주하는 곳을 자주 볼 수 있다. 그런 곳일수록 노사간에 분쟁이 생긴다. 서로 상대방을 인정하고 고마움을 표시하는 조직은 항상 흐뭇하고 행복해진다. 근자에 감사하는 일의 소중함을 널리 알리는 움직임이 산업계에서 일어나고 있는데, 대단히 바람직하다.

CEO가 해야 할 일 가운데 다른 하나는 칭찬을 하는 일이다. 칭찬하기는 어렵다. 그러나 기회가 있을 때마다 현장을 찾아다니며 칭찬할 거리를 찾아야 한다. 그리고 말로만 칭찬할 것이 아니라 제도적으로 이를 뒷받침하게 만들어야 한다. 기술 경진대회, 제품개발 경진대회, 품질 경진대회 등 행사를 정기적으로 꾸준히 해 나가면서 전사적으로 자극을 주고 표창해 나가면 회사의 분위기는 확 바뀐다. CEO는 직장에 활기를 불어넣고 기업풍토가 혁신을 추진하는 방향으로 바뀌게 할 책임이 있다. 세계에서 제일가는 제품을 만들고 누구보다 먼저 시장에 내어 크게 성공해야 한다고 사람들을 격려하면서 잘한 사람을 칭찬하고 못하는 사람을 도와 성공을 맛보게 해야 한다. 책임은 CEO가 져야 한다. 사람들이 움직이지 않는다, 믿고 일할 만한 사람이 없다는 식으로 불평만 하는 사람은 애당초 CEO의 자격이 없다.

CEO가 해야 할 일 가운데 후계자를 육성하는 일 또한 대단히 소중하다. 그런데 이 일은 대체로 소홀하고 있다. 아마도 후계자를 육성하면 자기의 자리가 위태해진다는 우려 때문일 수도 있다. 그러나 기업은 영속성이 있어야 한다. CEO가 바뀔 때마다 경영 방침이 바뀌고 전임자를 비난하는 사례를 자주 볼 수 있는데, 그럴 때마다 조직원 모두가 우왕좌왕한다. CEO는 언제라도 자기가 그만둘 때를 대비하여 후계자를 길러 둘 책임이 있다. 필자도 이를 위해 회사를 시작할 때부터 노력했다. 그러나 마땅한 후계자를 찾는 건 하늘의 별 따기만큼 어려웠다.

먼저 CEO가 되기 위한 자격을 정하고 임원 모두에게 알렸다. 그러면서 해마다 전 임원을 몇 시간씩 단독 면담했다. 인사부문의 지원과 대학교수의 자문을 받아 미리 준비한 체크 리스트에 따라 면담을 해 나가면서 면접한 사람의 자질, 능력, 업적 등에 대한 솔직한 의견을 교환해 나갔다. 그리고 본인만이 아닌 상사, 동료, 부하의 평도 들었다. 360도 평가였다. 그러는 과정에서 어떤 임원이 자기가 CEO가 되기에는 자질이 모자란다고 느꼈는지 스스로 다른 회사로 옮기겠다고 말해 온 적도 있었다. 그런데 가장 아껴서 키워야 하겠다고 힘을 쏟은 임원이 사장의 이런 노력에 대하여 귀찮고 짜증스러워한다는 것을 알게 되어 포기한 적도 있었다. 사내에서 기르기만 하지 않고 다른 회사에 근무하던 사람을 초빙해서 후계자 후보로 삼기도 했다. 이렇게 하여 선발한 사람을 LG CNS 특유의 문화와 일하는 스타일을 터득하도록 돕는 일도 했다. 그리하여 선정된 임원을 특별히 경영위원회를 만들어 주 1회 정도 함께 의사결정 과정에 참여하게 해서 무사히 후계자로 삼을 수 있었다.

8년간 CEO를 하다가 보니 건강이 말이 아니게 나빠졌다. 그래서 사표를 냈는데 수리가 되지 않아 1년을 더하였다. 후계자로 지목한 임원의 나이도 정년이 그리 멀지 않았으니 필자가 계속해서 CEO로 있으면 그의 기회는 사라지고 만다. 어쩔 수 없이 후계자에게 일상 업무적인 의사결정을 맡기고, 사업방향 모색이나 기술 도입을 위해 해외출장을 그 해에 열 번 이상 다녀왔다. 그랬더니 이사회에서 후계자로의 인계를 승인해 주어 9년 만에 CEO를 그만둘 수 있었다. 그 바람에 건강을 회복하여 사회봉사도 하고 지금 이런 글을 쓸 수 있어서 큰 보람을 느낀다.

07

시장 가치의 변동과
떠오르는 별, 사라지는 별

기업의 평가는 여러 가지로 할 수 있는데, 많은 사람이 시장 가치Market Value, Market Cap를 따진다. 시장 가치는 기업의 발행 주식 수에 증권 시장의 시세를 곱하여 산출한다. 말하자면 증권 시장에서 투자가들이 기업의 가치를 얼마로 보고 있는지를 알려 주는 숫자이다. 증권 시장에서의 시세는 수시로 변하기에 각 분기 말의 숫자로 순위를 매길 수 있는데, 「피이낸셜 타임즈 Financial Times」가 보도한 10년 전, 2002년의 순위는 아래의 도표에 보듯이 GE가 1위이고 마이크로소프트가 2위, 엑슨모빌Exxon Mobil 이 3위, 월마트Wal-Mart가 4위에 올라 있었다. 그런데 10년이 지난 2012년에는 그 순위가 달라져서 1위에 애플이, 2위에 엑슨 모빌이 올라 있고 마이크로소프트는 4위로 떨어졌다가 연말에는 9위로 떨어졌다. 2011년에 36위, 2012년 1/4분기에 17위였던 삼성전자가 2012년 연말에 2,276억 달러로 처음으로 8위가 되어 10위권 이내에 들어갔다. 그런데 2013년 3월 4일에 애플의 시장 가치가 3,944.5억 달러가 되어 톱을 지키기가 위태로워지고 있다. 그런가 하면 승승장구인 구글은 1,654억 달러로 25위에 올랐다. 이 순위를 보면서 투자가들의 매서운 눈초리를 피부로 느낄 수 있다.

▶ 「파이낸셜 타임즈」 2002년 3월 말

순위	회사명	본사	업종	시장 가치 (US$ 백만)
1	General Electric	United States	Conglomerate	372,089
2	Microsoft	United States	Software industry	326,639
3	Exxon Mobil	United States	Oil and gas	299,820
4	Wal-Mart	United States	Retail	273,220
5	Citigroup	United States	Banking	255,299
6	Pfizer	United States	Health care	249,021
7	Intel Corporation	United States	Computer hardware	203,838
8	BP	United Kingdom	Oil and gas	200,794
9	Johnson & Johnson	United States	Health care	197,912
10	Royal Dutch Shell	The Netherlands	Oil and gas	189,913

▶ 「파이낸셜 타임즈」 2012년 순위

순위	1/4분기	2/4분기	3/4분기	4/4분기
1	Apple Inc. ▲559,002.1	Apple Inc. ▼546,076.1	Apple Inc. ▲625,348.1	Apple Inc. ▼500,610.7
2	Exxon Mobil ▲408,777.4	Exxon Mobil ▼400,139.1	Exxon Mobil ▲422,127.5	Exxon Mobil ▼394,610.9
3	PetroChina ▲278,968.4	PetroChina ▼257,685.8	PetroChina ▼253,853.3	PetroChina ▲264,833.4
4	Microsoft ▲270,644.1	Microsoft ▼256,982.4	Microsoft ▼249,489.8	BHP Billiton ▲247,409.0
5	IBM ▲241,754.6	Wal-Mart ▲235,900.3	Wal-Mart ▲248,074.4	ICBC ▲236,457.9
6	ICBC ▲236,335.4	IBM ▼225,598.5	General Electric ▲239,791.2	China Mobile ▲234,040.2
7	Royal Dutch Shel ▼222,425.1	General Electric ▲220,806.3	IBM ▲237,068.4	Wal-Mart ▼228,245.4
8	China Mobile ▲220,978.9	China Mobile ▼219,481.3	Chevron Corporation ▲228,707.1	Samsung Electronics ▲227,581.8
9	General Electric ▲212,317.7	Royal Dutch Shell ▼217,048.2	China Mobile ▲222,817.8	Microsoft ▼224,801.0
10	Chevron Corporation ▲211,950.6	ICBC ▼211,196.0	Royal Dutch Shell ▲222,669.6	Royal Dutch Shell −222,669.6

한편, 과거에 한때 이름을 날렸던 통신기기의 모토로라나 IT
서비스의 EDS, 사진기의 코닥Kodak 등은 상장이 폐지되어 아예 평
가 대상에서 빠졌고, 세계 제1의 자동차 회사 GM은 183위, 일본의
히타치 291위, 소니 431위, 핀란드의 휴대폰 거인 노키아가 442위
로 내려앉았다.

왜 이런 일이 일어나고 있을까? 여러 가지 의견이 있을 수 있
으나, 필자는 미국의 경영 컨설턴트 짐 콜린스의 주장이 가장 정

곡을 찌르고 있다고 생각한다. 짐 콜린스는 계속적으로 성공하여 좋은Good 회사에서 위대한Great 회사로 되려면 고슴도치Hedgehog처럼 뚤뚤 뭉치게 하는 세 가지 기둥이 있어야 한다고 했다.

① 조직 전체를 열광시킬 수 있는 일
② 세계 최고를 달성할 수 있는 것
③ 최고의 수익을 가져다주는 엔진

이에 더하여 필자는 구체적이고 적극적인 사업 계획을 작성하여 조직원과 합의해야 한다고 생각한다. 애매하게 최선을 다하라거나 세계 제일이 되라거나 해서는 구두선으로 끝나게 된다.

새로운 사업을 착수하거나 제품을 개발할 때에 변하는 시대의 물결을 잘 파악하고 이 추세를 잘 활용해야 한다는 일은 누구나 잘 알고 있지만, 막상 실전에 임하면 그리 쉬운 일이 아니다. 제품 하나를 개발하려 해도 수십, 수백억 원이 드는데, 개발한 제품을 세상에서 외면하면 모든 노력이 수포로 돌아간다.

1989년에 모토로라는 이리듐Iridium 계획으로 77개의 위성통신을 쏘아 전 세계에 이동 통신 서비스를 제공하기 위해 94억 달러를 투자했다가 가입자의 수가 5만 명 정도로 정체되어 채무 부담이 커지자 2001년에 이를 단돈 2,500만 달러로 매각했다. 780㎞라는 저궤도에 이리듐의 원소번호 77을 본떠 77개의 위성을 발사하려다가 66개로 줄여서 추진하려는 이 계획에는 한국을 포함한

15개국 19개 기업이 참가했다가 실패했다. 이처럼 누구나 좋다고 본 사업도 기술 발전 추세를 외면하면 실패하여 추진자의 기업 자체가 위험에 처한다. 그러니 사업의 선택은 기업 최대의 과제다. 그래서인지 스티브 잡스는 췌장암으로 죽기 전 스탠퍼드 대학교의 졸업식에서 "굶주려라. 바보가 되어라Stay hungry. Stay foolish"며 축사를 마쳤는데, 그 뜻을 겸허하게 새겨들어야 할 일이다.

제

5

장

도전

M&A

01

무엇 때문에
M&A를 하는가?

　　언스트앤영ERNST & YOUNG에서 2013년 초에 실시한 M&AMerges & Acquisitions, 기업 인수 합병 추세에 대한 설문조사 결과에 따르면 대체로 M&A 여건이 크게 개선되는 것을 알 수 있다. 이 조사에는 50개국의 20개 산업 분야에서 794명의 CEO, CFO 등이 응답을 해왔다. 응답자의 39%가 연내에 한 개 이상의 기업인수를 할 것이라고 했다. 그리고 72%가 세계적으로 연내에 계약되는 건수가 증가할 것이라고 내다보고 있었다. 특히 중국, 인도, 브라질, 미국, 캐나다 순으로 좋아질 것으로 예측했다. 다만, 아직 불안 요소가 남아 있기 때문에 건당 금액으로는 5억 달러 이하의 규모가 될 것으로 보인다고 했다. EU지역의 경제 위기, 미국의 예산 격리 sequestration, 신흥시장국의 저성장 등이 우려되기는 하지만 87%가 여건이 좋아지고 있다는 의견이다.

이미 미국, 러시아, 프랑스, 중국, 한국 등의 정부수반이 교체되었고, 중동 정정도 약간 진정 기미가 보이고 있는 데다가 전 세계적으로 성장산업에 대한 진출 의욕이 커지고 있다. 북미주와 유럽의 기업자금에 여유가 생기고, 금융위기 이후의 긴축재정으로 넉넉해졌다. 또한, 투자 기관들의 보유자금이 커지고 있다. 2013년 이후로 일자리 마련을 위해 투자를 확대하라는 각국 정부의 당부가 있고 주주들의 가용자금 활용에 의한 사세 확장 요구도 늘고 있어서 M&A는 증가하는 추세다.

M&A란 합병Merge과 인수Acquisition의 머리글자를 따온 말이다. 합병에는 흡수합병과 신설합병이 있는데, 흡수합병은 갑이 을을 흡수하는 형태이고 신설합병은 새 회사 병을 만들어 갑과 을이 새 회사 병으로 흡수되는 형태를 말한다. 이에 비하여 인수는 기업 갑이나 개인 갑이 다른 기업 을을 매수하는 것을 말한다. 인수에서 을은 없어지는 것이 아니라 경영권이나 소유권이 갑에게 넘어가서 지배 구조에 변화가 일어나는 것이 보통이다.

M&A를 하는 까닭은 경우마다 다르지만 대체로 아래와 같이 분류할 수 있다.

1) 구조조정을 위해

① 적자경영 탈피와 기업회생
② 조직 효율화

③ 사양사업 정리

④ 위험분산

2) 성장을 위해

① 미래 사업의 발굴

② 경쟁에서 이기려고

③ 새로운 시장으로 진출

3) 자원확보를 위해

① 영업면허/감찰 확보

② 인재 확보

③ 기술 확보

④ 특허 등 지적재산권 확보

⑤ 자금 확보

⑥ 시설 확보

4) 복합형: 상기 각종 목적 가운데 여럿을 복합한 경우

02

M&A를 잘 하려면

M&A를 잘하려면 처음부터 제대로 된 과정을 밟아야 한다. 결코, 욕망이나 낙관적인 전망에 사로잡혀서 M&A를 시도해서는 안 된다. 먼저 M&A당사자 간에 명확한 비전과 전략이 있어야 하고 합병이나 인수가 최선의 방안인지에 대한 확신이 서야 한다. M&A가 항상 최선은 아니기 때문에 다른 대안이 없는지도 검토를 해야 한다. 그러면서 당사자들, 특히 M&A를 추진하게 된 기업들의 소유자와 최고경영층의 사전 합의가 있어야 한다. 정상적으로 가동하고 있는 기업의 M&A는 그 정보가 새어나가면 많은 부작용을 낳기 때문에 이러한 사전 합의는 극비리에 그리고 신속하게 추진되는 것이 보통이다.

다음으로, 중요한 것은 아무리 최고경영진의 합의가 있더라도 두 회사의 간부들이 공동으로 추진할 목표를 일정과 함께 설정하고 주 단위, 월 단위로 챙겨나가야만 M&A는 성공한다. 그러기 위해서는 두 회사의 실질적인 간부들과 유능한 전문가가 동원되어야 한다. 특히 기업문화 융합 담당자, 재무계획 전문가, 인사 조직 전문가를 M&A 추진 진용에 추가로 배치해서 빈틈없는 작전을 벌여야만 M&A에 따르기 마련인 각종 장애와 부작용을 신속하게 제거하고 극복할 수 있다.

두 회사 간의 예비 접촉을 통해 각종 정보와 자료를 교환하여 M&A조건에 대한 잠정적 합의가 되면 의향서LOI, Letter of Intent:나 양해각서MOU, Memorandum Of Undertaking:를 만들고 서명하여 교환한다. 이는 정식 계약이 되기 전에 M&A가격을 포함한 각종 거래 조건을 정리한 것으로 대부분 정식 계약에 반영하는 것인 만큼 신중하게 작성해야 한다.

그런 뒤에 정밀 검토를 위한 실사를 추진한다. 내부 임직원과 외부 전문가법률변호사/회계사 등가 맡아 추진할 실사 내용은 회사의 의사결정권자에게 보고되어 M&A본 계약에 반영되도록 해야 한다.

실사 단계에서 특히 유의해야 할 사항을 들면 아래와 같다.

① 정보의 신뢰성 검증
② 상호 사업에 관한 세밀한 이해와 비전의 공유
③ 인수 후 통합을 위한 정보의 확보
④ 합병이나 인수가 현금 흐름에 도움을 주는가 여부

⑤ 통합 계획PMI, Post Merger Integration의 구상

⑥ 사내 외 홍보/교육 훈련 방안 구상

⑦ 핵심 기술 및 사업 특허, 지적재산 평가

⑧ 핵심 인재 확보 대책 강구

⑨ 주요 프로세스와 시스템 평가

⑩ 재무/회계 실사, 운영 실사 → 부실채권, 부실재고, 이연계정 실태 파악

⑪ 거래조건 협상

⑫ 인수자금 조달 방법: 현금, 채권, 은행융자, 주식, CB Convertible Bond, 사주조합, VCVenture Capital, PEPrivate Equity, 투자은행, M&A사모 펀드 등

⑬ 딜 브레이커Deal Breaker의 파악예: 우발채무 등 계약의 파기 조건

⑭ 법률 실사 → 각종 계약서의 권리/의무 관계 등

⑮ 환경 실사 → 폐기물, 공해 대책, 그린 대책 등

실사결과에 따라 최종 거래 조건을 협상하여 정식 M&A계약서를 작성하고 이사회 승인 등 법적 수속을 취한 뒤에 M&A에 따른 통합 작업에 들어간다.

M&A 후 통합 작업은 구조적, 재무적 통합뿐 아니라 문화적, 심리적 통합까지 포함해야 하는데 기업의 M&A과정에서 발생할 수 있는 이질적인 문화충돌을 최소화하고 통합의 시너지 효과를 극대화하기 위한 방안을 빠른 시일 안에 구축하는 과정이라 생각

한다. 마지막의 통합 작업이 얼마나 구체적이고 현실에 맞는 것
인지, 그리고 이 통합을 두 회사 임직원이 전적으로 지지하는지
가 M&A의 성공을 좌우한다는 것을 명심해야 할 것이다. 'Mercy
Consulting Group'에서는 통합시 가장 중요한 요소를 다음과 같
이 열거하고 있는데, 많은 도움을 줄 수 있는 지적이라 하겠다.

[통합시 가장 중요한 요소]

- ✓ 통합의 속도
- ✓ 고객기반 이탈방지 — 94%

- ✓ 수익 시너지 달성 — 81%

- ✓ 시너지 달성
- ✓ 종업원과의 커뮤니케이션
- ✓ 합병 후 조직 설립
- ✓ 기업문화의 조화 — 75%

- ✓ 인재이탈 방지
- ✓ 고객과의 커뮤니케이션
- ✓ 판매망 통합 — 69%

- ✓ 現 사업의 균형
- ✓ 기업가치 수립 — 63%

IT 분야에서 M&A에 성공한 국내 사례로는 네이버와 한게임
을 들 수 있다. 네이버NAVER는 삼성 SDS의 사내 벤처로 1999년

6월에 서비스를 시작한 포털 사이트였다. 이들은 독자적인 검색 엔진으로 엠파스나 야후 등과 경쟁을 시작했다. 그러다가 2000년에 인터넷 게임을 제공하기 위해 한게임을 흡수 합병했다. 결과적으로 이 합병은 대성공이었다. 게임의 유료화를 통해 지속적으로 현금이 들어왔고 네이버의 브랜드를 알리는 데도 일조를 했다. 지금은 NHN에서 운영 중이다.

03

LG 그룹의 사례

(구조조정과 경영합리화를 중심으로)

LG 그룹의 발전 과정에서도 많은 M&A가 있었다. 먼저 구조조정과 경영합리화를 중심으로 추진한 사례를 살펴본다.

1968년도에 조직 효율화를 위해 칫솔과 치약 그리고 플라스틱 사출 및 압출 제품을 만들던 락희화학과 PVC시트, 필름, 상재, 벽지 등을 생산하던 락희비니루와 비누를 만들던 락희유지를 합병해서 (주) 락희화학공업사를 발족시킨 것은 70년대의 경영합리화와 고도성장의 준비작업이라고 할 수 있다. 합병된 각 부문은 본부와 유지사업부, 플라스틱사업부, 비닐사업부 등으로 재편성된 제품별사업부제를 채택하고 본부에 재경실, 구매부, 업무부, 선전홍보실 등을 설치하여 각 사업부의 경영을 지원해 나갔다. 필자는 본부의 총합관리과를 맡아 새로이 채택된 사업부제 하에서의 경영분석과 예산편성을 추진했다. 한편, 전자전기부문에서는 락희화학보다 먼저 1967년에 합병작업이 추진되어 (주) 금성사에 금성통신, 한국케이블을 흡수하여 가전사업부, 통신사업부, 전선사업부, 본부의 체제로 개편되었다. 이 두 가지 사례는 그룹 내의 합리화 과정의 일환이어서 구인회 창업회장의 지휘 아래 구철회, 구정회, 허준구 등의 경영진이 뜻을 모았기에 원활히 추진될 수 있었다. 말할 것도 없이 당시에는 경영진이 대주주였다. 이런 합병에서 가장 중요한 것은 커다란 조직 내에서의 부문별 자율경영을 보장하면서도 전사적인 일체감을 조성하고 계수 확보를 통한 신속 정확한 조정을 하는 일이라 할 것이다. 그리고 각 부문 이외의 새로운 사업분야를 개척하는 능력도 확보해야 지속적인 성장이 가능해진다.

이때로부터 20년 가까이 지난 1986년에도 전자전기통신산업 분야 20여 개사를 통폐합하는 작업이 추진되었는데, 구자경 그룹 회장이 추진본부장이 되고 필자가 사무국을 맡아서 일했다. 무역 자유화의 물결이 도도하게 쳐들어올 때에 그룹 각 계열사, 특히 금성사_{지금의 LG전자}를 비롯한 전자전기통신부문 각 계열사의 경쟁력이 열세에 있다는 데 위기감을 느낀 구 회장이 주도하여 혁신작업을 전개한 것이었다. 당시에는 많은 회사가 외국 선진 기업과 합작관계에 있었기 때문에 세계 시장 진출에 견제가 많았고, 비슷한 업종끼리의 중복 투자와 경합이 있어서 세계적인 경쟁력 확보에 지장이 많아서 이를 근본적으로 해소하겠다는 의도였다. 그리하여 강력한 외국 선진 기업의 한국시장 석권에 대비하고 나아가서는 세계 시장 진출을 활성화하기 위한 시도였다. "F88"이라 명명된 이 작업은 1985년부터 일본능률협회컨설팅 JMAC의 도움을 받으며 1987년까지 추진되었다. JMAC은 기업의 성장 과정에 대하여 라이프 사이클Life Cycle 이론을 적용하여 초기에 외국과 합작을 했더라도 기업의 성장에 따라 이를 해소할 필요가 있다고 주장했다. 세계 제일을 목표로 모든 임직원이 하나가 되어 일하자는 구호 아래 금성사 내부에 가전, 정보통신, 부품, 반도체의 섹터Sector를 두고 전체를 관장하는 산업장Industry장에 부회장급을 임명하고 각 부문을 맡는 섹터장에 사장급을 임명했다. 이와는 별도로 산전産電섹터를 독립 법인으로 설치하고 이 법인에 산업전기부문의 금성계전, 금성기전, 금성사의 엘리베이터 부문, 로봇 부문 등을 소속시켰다. 이 산전섹터는 뒤에 LS산전이 되었다. 이런 과정에서 많은 합작회사가 외국과의 합작을 해소했다.

LG 그룹은 이런 식의 구조조정 및 경영합리화 작업을 꾸준히 추진하고 있다. 80년대 말에서 90년대에 걸쳐 추진된 "V 프로젝트"도 비슷한 작업이었다. 다만, 기업문화Culture에 따라 조직을 개편한 것이 달랐다. 그러다 보니 그룹 내의 많은 기업 간에 M&A가 일어났다. 이런 M&A를 통하여 그룹 각 계열사의 세계 수준의 감각과 지식이 축적되고 경영 체질이 강화되고 국제 경쟁력이 크게 향상되었다. 비전이 무엇인지, 전략을 어떻게 짜야 하는지 세계적인 방법론을 몰랐거나, 자기 나름 대로의 방식으로 일을 추진하던 사람들이 위로는 그룹의 회장으로부터 아래로는 일선에서 일하는 사원에 이르기까지 일사불란하게 일을 해 나갈 수 있게 되었다. 그리고 그 수준이 어떤 세계 선진기업과 비교해도 손색이 없을 정도가 되었다. 그러나 부작용도 있었다. 특히 무선 통신 분야 전문가들의 이탈이 발생했다거나, 반도체 부문을 내놓게 된 것은 LG 그룹의 2000년대 성장에 큰 지장을 초래한 것으로 보인다.

04

성장을 위해
새로운 분야나 시장을 개척하기 위한
LG 그룹의 M&A 사례

LG 그룹에는 성장을 위해 새로운 분야나 시장을 개척하기 위한 M&A 또한 많았다. 예를 들면 70년대 말에서 80년대에 걸친 반도체 업체 인수나 1980년의 부산투자금융의 인수가 그 가운데 하나였다. 전자는 반도체 사업을 본격적으로 추진하기 위한 것이었고 후자는 금융산업에의 진출을 시도한 사례다.

1979년 8월 13일에 대한반도체大韓半導體를 인수하여 9월 10일에 금성반도체金星半導體를 설립하고, 1983년부터 구미공장 내에 Z-80 마이크로프로세서를 만들기 위해 255억 원을 들여 MOS 공장을 건설했다. 1985년 1월에 ETRI한국전자통신연구소 구미분소의 반도체半導體 시설을 인수했다. 이로써 금성반도체는 기존 반도체 공장 3만여 평에 7만 5천여 평을 더하여 10만 평이 넘는 대단위 공장을 갖게 되었다. 이어 1985년에는 64K SRAM, 1메가 롬ROM을 개발했다. 그러다가 LG 그룹의 (주) 금성반도체가 미국 AT&T와의 전자식교환기 제조업체로 지정되는 바람에 상대적으로 반도체 부문 사업전개가 둔화되고 말았다. 한편, 1984년에 뒤늦게 반도체 부문으로 진출한 삼성전자가 64K DRAM 양산에 성공한 소식이 대대적으로 보도되었다. 이런 소식에 접한 LG 그룹 내의 반도체 담당자들의 낙심은 글로 표현할 수 없었다. 그러다가 1986년에 그룹이 핵심부품과 소재를 중심으로 대 비약을 기약한 "F88"에서 다시 메모리 양산을 적극 추진하였으나 이미 시기를 놓쳐서 메모리 부문에서는 후발업체가 되고 말았다. 그러다가 IMF 때의 빅딜에 걸려서 LG 그룹으로부터 반도체 부문이 떨어져 나가는 비극을 겪게된다. 당초 한국반도체를 인수할 때의 생각대로 반도체에만 힘을 쏟았더라면 있을 수 없는 일이라 할 것이다. 이미 지난 일이지만 애석하기 짝이 없다.

1980년에 열린 LG 그룹의 기획위원회에서는 금융부문 사업전개 우선순위로 투자금융회사, 생명보험회사, 시중은행을 들었다. 필자는 기획위원회의 간사로 일하고 있었다. 1980년 6월에 총수신고 600억 원 규모의 부산투자금융 주식 32.47%를 인수하였다. 결정은 빨랐다. 당시 부산투자금융의 대주주로부터 지분을 인수하기로 가계약을 할 때 계약금 1억 원을 작은 메모지 한 장을 받고 필자가 건네주었다. 1986년이 되자 이 회사는 자본자유화의 물결을 타고 크게 성장하여 78억 원의 당기 순이익을 거두어들였다. 그 뒤 이 회사는 두 번의 증자로 1988년에는 자본금이 150억 원이 되고 투자, 신탁, 리스, 차관도입 업무까지 취급하게 되어 장차 지방은행으로의 변신을 목표로 삼았다.

1978년 5월 서통瑞通그룹대표 崔俊圭의 서통전기瑞通電機를 비롯한 3개사를 LG 그룹이 인수했다. 이때 서통전기의 주식 36.5%를 28억 원에 인수하면서, 일본 합작선인 미쓰비시전기三菱電機 25%, 미쓰비시상사三菱商事 9.31%의 지분은 그대로 유지하기로 했다. 이 회사의 인수로 LG 그룹은 차단기, 배전반 등 전기기기와 엘리베이터의 강력한 경쟁자를 산하에 편입할 수 있었다. 인수에서는 먼저 최고경영진의 합의가 있었다. 그런데 미쓰비시 그룹과의 합작계약을 존속시키기로 했기 때문에 LG 그룹 기획조정실과 미쓰비시전기 사장실 간 협상이 치열하게 벌어졌다. LG 그룹에서는 합작 계약조건에서 한 치의 양보도 하지 않고, 그룹 내 다른 합작회사와의 계약 관례를 활용하여 협상했다. 미쓰비시 측에서는 마지막으로 새 회사의 이름을 자기네 사장 이름 가운데 한 글자인 영榮을 넣도록 하자면서 모든 조건을 수락하고 말았다. 그래서 서통전기는 1979년 2월에 신영전기新榮電機로 상호를 변경했다. 그날 밤 축하연에서 미쓰비시 측 대표가 필자에게 주정을 부렸다.

"천하의 대 미쓰비시가 이처럼 만신창이ずたずた가 된 것은 처음이다. 어찌해 줄 것이오, 긴상"

우리가 무리한 요구를 한 것이 아니었다. 그저 국제적으로 통하는 주장을 했는데도 그런 소리를 들었다. 합작계약을 대등한

위치에서 해내기가 어려운 시기였다.

그 후 가장 많은 관심을 집중시킨 것이 LG트윈스Twins 야구단이었다. 마침 문화방송이 MBC청룡青龍을 매각하겠다는 의사를 알려 와서 LG 그룹이 인수하였다. 당시 LG 그룹은 스포츠 법인을 운영하고 있었기 때문에 프로야구단 인수는 당연한 결과였다. 1990년 1월에 계약이 체결되었는데 양도 가격은 양도대금 100억 원, 협찬금 30억 원 등 130억 원이었다. 구단을 인수하자마자 LG 그룹은 파격적인 지원을 하기 시작했다. 선수들의 연봉을 두 배 가까이 인상했고, 그룹 차원의 전폭적인 지원을 했다. 창단 첫해에 백인천白仁天 감독이 이끈 LG트윈스는 정규시즌 1위로 결승에 진출하여 삼성 라이온즈를 상대로 4전 전승으로 우승했다.

미국에서 벌인 M&A의 대표 사례로는 V-프로젝트 혁신전략에 따라 세계 시장의 다극화와 토착화를 추진하던 LG전자가 미국의 TV 제조업체인 제니스Zenith사를 1995년에 인수한 일을 들 수 있다.

제니스는 1918년에 아마추어 무선기기를 만들기 시작해서 라디오와 TV를 개발한 회사였다. 한국전쟁 때에 미군 PX를 통해 시중에 소개된 제니스 라디오는 세계지도가 크게 그려진 앞면 디자인으로 최고 인기를 누렸다. 그러나 1990년에 제니스가 일본과 유럽 경쟁사에게 밀려 적대적 매수의 표적이 된 것을 LG전자가 5%의 주식을 사게 되었다. 그 뒤 1995년 11월 3억 5,000만 달러를 지급하고 100% 인수했다. 이 회사의 재생은 쉽지 않았다. 많은 전문가가 투입되어 개혁을 추진했으나 큰 성과가 나지 않았다. 그런 가운데서도 LG 그룹이 제니스 정상화에 투입한 수백 명의 직원이 세계 수준의 개혁을 체험하여 우수한 경영인으로 성장했고, LG전자가 평면 디지털 TV의 원천 기술을 확보하여 업계를 리드할 수 있는 계기가 되었다.

세계적인 M&A 성공 사례:
시스코, 구글, 알셀로 미탈

인터넷 네트워크의 대명사라고 할 시스코시스템즈Cisco Systems, Inc.는 1984년에 스탠퍼드 대학교 출신 컴퓨터 과학자 렌 보삭Len Bosack과 샌디 러너Sandy Lerner 부부가 대학 내의 다른 건물에서 일하면서 서로 이메일을 보내기 위해 브릿지와 라우터router, 네트워크에서 데이터의 전달을 촉진하는 중계 장치를 개발해서 만든 회사이다. 직원 2명으로 시작한 이 회사는 체임버스John T. Chambers 회장이 다음과 같은 원칙 아래 M&A를 추진하면서 급성장한다.

① 시스코와 비전을 공유할 수 있는 회사인가?
② 기업문화가 서로 융합될 수 있는가?
③ 합친 후 바로 결과를 낼 수 있는 회사인가?
④ 장기적으로 주주, 고객, 직원, 제휴회사 등 모두에게 이익

을 줄 수 있는가?

⑤ 지리적으로 문제가 없는가?

시스코는 M&A를 하면서 병합한 회사의 임직원들에게 시스코를 알리는 데 정성을 다했다. 혁신적인 기술을 가진 벤처기업은 그 회사를 구성하고 있는 직원들이 재산인데, M&A를 하고 난 뒤에 직원들이 떠나면 빈 껍데기만 남기 때문에 직원들에게 안정감을 부여하고 마음을 사는 것이 무엇보다도 급선무였다. 시스코의 인수팀은 피인수 회사의 재정이나 고용조건 등에 대하여 철저히 조사한다. 이를 소홀히 하면 나중에 큰 낭패를 당할 것이기 때문이었다. 이런 과정에서 인터넷은 핵심 역할을 한다. M&A는 시간과의 경쟁이다. 인수 전후를 막론하고 인터넷을 활용하면서 경쟁에서 뒤지지 않게 재빠르게 움직여야 한다. 한 번이라도 시장의 선두를 빼앗기면 다시 뒤집기는 하늘의 별 따기였다.

시스코는 연간 매출액의 10% 이상을 연구개발비로 쓴다. 그러면서도 차세대 신규사업을 위하여 경쟁력 있는 중소벤처기업들을 계속해서 인수해야만 했다. 시스코는 단기간에 수익을 높이려는 목적으로는 M&A를 하지 않는다. 연간 매출이 1천만 달러도 안되는 크레센도 커뮤니케이션Crescendo Communications을 9,500만 달러에 인수한 적도 있었는데, 우선은 보잉사와 1천만 달러의 대규모 공급계약을 협상하면서 보잉사가 요구하는 기술을 확보하려는 뜻이었다. 이렇게 인수한 크레센도의 스위치 기술은 인수 후 2년 만인 1996년에 연간 5억 달러 이상의 신규 매출을 일으켜 회사의 성장동력의 하나가 되었다.

시스코는 1993년부터 2013년까지 159개사를 인수했는데, 69억 달러가 넘는 거액도 두 번이나 있었다. 한 해에 많게는 20여 개의 회사를 인수했다. 철저한 사전 사후 조치에도 인수 금액만큼의 가치를 가져오지 못한 사례도 더러 있었지만, M&A 덕분에 시스코는 2012년에 460억 달러의 매출액과 80억 달러가 넘는 순이익을 7만 2천여 명의 인원으로 달성하게 되었다.

인수 경쟁에서는 구글도 뒤지지 않는다. 구글은 2006년에 설립된 지 17개월밖에 안 된 유튜브를 16억 5천만 달러에 인수했다. 그런 뒤 유튜브 엔지니어들과 협력해서 구글의 서비스에 유튜브를 통합하여 엄청난 부가가치를 창출했다. 동영상을 쉽게 제공할 수 있는 유튜브의 서비스로 광고 단가가 오르고 비용이 줄면서 수익이 크게 늘었다. 구글 역시 2001년 2월부터 2013년 4월까지 125개의 회사를 인수했다. 이 가운데서도 2011년 8월에 125만 달러에 인수한 모토로라 모빌리티는 통신분야의 특허권 방어에 큰 도움을 줄 것으로 기대하고 있다.

M&A는 첨단 IT 산업에만 유행하는 것이 아니다. 1976년에 인도의 캘커타Calcutta에서 미탈Lakshmi Mittal이 창업한 소규모의 제철회사가 거의 2년마다 전 세계의 제철회사들을 인수해 나가더니 2006년에 EU의 아르셀로Arcelor를 330억 달러에 인수하여 세계 최대 제철 그룹이 되었다. 2013년 1월에도 미국의 티센크루프

ThyssenKrupp AG을 15억 달러에 입찰했다. 아르셀로미탈Arcelor Mittal
로 이름을 바꾼 이 회사는 24만 5천 명의 직원을 거느리며 세계 제
철 생산량의 10%를 공급하는데, EU의 경제불황과 중국의 부진으
로 연속해서 적자를 내고 있으나, 2012년 매출액이 842억 달러의
거대 제철회사가 되었다. 아르셀로는 다양한 제품을 생산하고 있
었고, 미탈은 전 세계에 철광산을 보유한 수직 통합 형의 제철 그
룹이었기 때문에 두 회사의 합병으로 시너지 효과를 극대화할 수
있었다.

▶ 세계 제철회사 순위
   (World Steel Association - Top steel-producing companies 2012)

단위: 100만 톤

Ranking (2012)	2012	2011	2010	2009	2008	2007	Company	Headquarters
1	93.6	97.2	98.2	77.5	103.3	116.4	ArcelorMittal	Luxembourg
2	47.9	33.4	35.0	26.5	37.5	35.7	Nippon Steel & Sumitomo Metal	Japan
3	42.8	44.4	52.9	40.2	33.3	31.1	Hebei Iron and Steel	China
4	42.7	43.3	37.0	31.3	35.4	28.6	Baosteel Group	China
5	39.9	39.1	35.4	31.1	34.7	31.1	POSCO	South Korea

이들은 합병에 즈음하여 아래와 같은 명확한 목표를 설정
했다.

① 빠르고 완벽한 통합: 시너지 창출을 위하여 인원을 재배치

하고 효율적인 조직 개편을 한다.

② 일사불란한 일상업무의 수행

③ 지속적인 성장의 추구

④ 16억 달러에 이르는 시너지 효과 목표를 구체적으로 설정하고 체계적으로 전개

⑤ 사내 외 홍보와 의사소통을 추진: 경영진의 로드 쇼, 현장 방문과 Web site, Web TV, PC에 의한 지역별 홍보

⑥ 정기적 회의에 의한 진척도 점검: 월요일마다 CEO 포함 6명의 그룹 경영회의 개최; 두 회사의 수석 부사장 2명과 10~12명 참모로 구성된 수요일 회의 개최

06

장비공급업체에서
솔루션 공급업체로 변신하는 IBM

세계 제1의 IT 회사 IBM은 IT 장비공급업체에서 솔루션 공급업체Solution Provider로 변신하기 위해 적극적인 M&A에 나섰다. 6년간 50개 소프트웨어 회사와 협상했는데, 그 가운데 20%는 업계 정상급이었다. 2002년부터 5년까지 5억 달러 이하의 39개 회사를 인수했는데, 2년 이내에 매출액 2배를 성취할 수 있었다. IBM은 비전과 전략에 맞추어 선별적으로 M&A를 추진하는 것을 원칙으로 하고 있다. IBM은 다음과 같은 목적으로 M&A를 추진해 왔다.

① 시장점유율을 증가시키기 위해
② 임계질량臨界質量, Critical Mass 확보를 위해
③ 신성장 동력을 확보하기 위해
④ 시장 확장을 위해

⑤ 기업 능력 추가를 위해

⑥ 제품 및 서비스 구성을 다양화하기 위해

⑦ 핵심역량Core competence 확보를 위해

IBM은 2003년부터 기업이나 기관들이 M&A를 쉽게 할 수 있도록 개발한 IBM M&A Accelerator라는 응용 시스템을 제공하고 있다. 이 시스템은 1,000건 이상의 사례가 있는데, 온라인으로 M&A의 전 과정을 관리할 수 있게 해 준다. M&A Accelerator는 최고의 관리 시스템으로 전 세계의 가장 성공적인 인수 업체가 반복적으로 쓸 수 있는 고품질의 M&A 프로세스로 작업량을 줄이고 M&A의 시너지 효과를 촉진한다. M&A 전 과정에는 목표 관리, 실사, 계약체결 계획, 통합 집행, 계약체결 후 시너지 효과 점검 등이 포함되는데, 주요 업적을 경영진이 파악하여 쉽게 대처할 수 있게 도와준다. 참고로 실사란 대상 업체의 경영상태, 재무구조, 자산상태, 건물 하자, 부채 등을 종합적으로 사전 조사하는 것을 말한다. 중소규모는 1주일에서 3주 정도 걸리는데 제대로 하기 위해서는 공인회계사나 전문 컨설턴트의 도움을 받는 것이 좋다.

IBM의 변신은 성공했다. IBM은 M&A 전담부서에 100명이 넘는 전문가를 투입했다. M&A 계약 책임자Deal Owner로 연구개발 또는 사업개발 부서의 책임자급을 투입했고, 통합관리자Integration Manager를 참모장 격으로 보좌하게 했다. 전담 부서원 5명에 인사담당 4명, 재무담당 6명 정도를 배치하여 M&A를 추진하는데 M&A

전략 승인 100건이면 협상 단계로 넘어가는 것이 60건, 가계약 단계까지 가는 것이 40건, 본 계약까지 하는 것이 20건으로 최종 종결되는 것은 10건 정도이다. 그만큼 철저히 따져 나간다.

IBM은 2013년 현재 전 세계 12개의 연구소를 운영하고 있다. 이 연구소들을 통하여 20년간 연속적으로 미국에서 가장 많은 특허를 획득하고 있다. 노벨상만 해도 다섯, 튜링 상Turing Awards 여섯, 국가기술훈장 열, 국가과학훈장 다섯을 IBM종업원들이 획득했다.

IBM은 발전 과정에서 여러 번의 변혁을 거쳤는데, 그때마다 많은 기업을 인수하거나 일부 제품부문의 매각이 있었다. 그 가운데서도 1981년에 착수하여 세계적인 표준으로 자란 PC 부문을 2005년에 중국의 레노버Lenovo Group Limited, 联想集团에 12억 5천만 달러에 매각한 것이라든지, 2003년에 세계 최대 컨설팅·회계법인 PwCPricewaterhouse Coopers의 컨설팅 부문을 39억 달러에 인수 합병한 일 그리고 2010년에 소프트웨어 기업인 SPSS를 12억 달러에 인수 합병한 일 같은 것은 IBM의 솔루션 제공자Solution Provider로서의 전환이 성공할 수 있게 된 한 요인이 되었다.

그 결과 격변을 반복하는 IT 업계에서 IBM은 2011년 9월의 시장 가치 2,140억 달러로 평가되어 마이크로소프트를 누르고 업계 1위에 올랐다. 2012년에 「포춘」지에서는 IBM이 455,362명의 종업원을 거느린 미국 제2위의 대기업이 되었다고 평가하고 있다. 「소프트웨어 매거진」도 2012년도 500대 기업의 1위로 총 매출액

1,069억 달러 가운데 79%인 848억 달러를 미들웨어Middleware, 앱 서버App-server, 웹 서버Web-server 등의 소프트웨어와 서비스 부문에서 이루어 내고 있는 것으로 보도하고 있다.

07

세계 제1의 이동통신회사가 되겠다는 소프트뱅크

소프트뱅크 코리아SoftBank Korea의 문규학 대표는 소프트뱅크 주식회사SoftBank Corp.의 손정의孫正義: 손 마사요시 회장을 21세기의 칭키스칸成吉思汗이라고 말하고 있다. 소프트뱅크는 휴대전화를 비롯한 이동통신사업자, 인터넷 관련기업, 출판사, 프로 야구팀 등을 거느리고 있는 소프트뱅크 그룹의 지주회사이다. 이동통신 사업관련 매출액이 6할을 차지하는데 일본의 대기업으로는 드물게 하향식Top down형 경영을 하고 있다. 소프트뱅크는 1981년 9월에 설립되어 지금은 그룹의 경영방침 책정 및 수행과 자회사의 경영지도 및 관리를 사업내용으로 하고 있다. 2013년 현재 자본금 2,388억 엔이며 지주회사만으로 보면 187명의 종업원으로 국내영업 이익 8,000억 엔을 올리고 있다. 2012년 소프트뱅크 그룹 전체의 연결 실적은 매출은 3조3,800억 엔과 순이익 2,894억 엔을

24,598명의 종업원으로 올리고 있다. 손 회장 지분이 20.16%이고 일본 트러스트 서비스 신탁은행, J.P. Morgan Chase Bank, 일본 마스터 트러스트 신탁은행 등이 주주로 있다.

1957년 8월에 일본에서 태어난 손 회장은 아직 56세의 장년이다. 19세 때에 "20대에 업계에 등장해서, 30대에 1,000억 엔 이상을 마련하고, 40대에 큰 승부를 해서, 50대에 사업을 완성하고, 60대에 사업을 후계자에게 인계하겠다"는 인생 50년 계획을 세웠다고 전해진다. 손 회장은 지금도 "트위터로 많은 사람과 시간, 공간을 초월해서 널리 마음으로 통할 수 있게 된 것에 감동하고 있습니다. 처음으로 인터넷에서 만난 이래의 감동입니다. 세계가 평화롭고 보다 많은 사람이 행복해질 수 있기를 진심으로 바라고 있습니다."라고 말하고 있다.

소프트뱅크가 인터넷 시대에 고속으로 성장한 비결은 손 회장의 미래를 꿰뚫어 보는 통찰력과 뒤를 돌아보지 않고 밤낮으로 달리는 추진력에 있다고 문 대표는 말했다. 소프트뱅크는 유목민인 기마민족의 유전자로 무장한 회사라고 말한다. 기마민족은 동이족東夷族을 중심으로 동북아를 휩쓴 신속한 행동을 자랑하는 민족이다.

1977년에 미국의 캘리포니아 대학교 버클리 캠퍼스 경제학부 3학년에 편입한 손 회장은 1979년에 샤프Sharp사에 자동번역기를 팔아서 자본금 1억 엔을 마련해서 소프트웨어 개발회사 "Unison World"를 설립했다. 1980년에 대학을 졸업하고 일본으로 돌아와 1981년 9월 도쿄東京에 컴퓨터 도매상 "일본 소프트뱅크"를 설립했다. 이때 두 사람의 사원 앞에서 "10년 내에 연간 500억 엔 회사를 만들겠다"고 장담하다가 허풍선이로 안 사원들이 그만두고 말았다는 얘기가 전해질 정도로 애초부터 포부가 컸었다. 그런 뒤 만성간염으로 3년을 휴직했다가 1986년에 사장으로 복직했고 1990년에 일본에 귀화했으나 성을 일본식으로 고치지 않고 정체성을 지켰다. 참고로 손정의 회장이 인수하여 성공시킨 대표적인 사업은 다음과 같다.

① Yahoo: 지금은 Yahoo! Japan의 대주주
② E*Trade: SBI로 계열분리 후 독립시킴
③ Alibaba: Alibaba Holdings의 3분의 1의 지분 소유
④ Yahoo! Broadband: 현 SBB
⑤ Japan Telecom: 현 SoftBank Telecom
⑥ Vodafone Japan: 현 SoftBank Mobile

손정의 회장은 초기에는 PC용 소프트웨어 도매로 한때 80% 가까운 시장을 확보했다가 염가전화 선택장치인 'NCC-Box'를 개발해서 전국의 중소기업에 배포하여 관련 로열티로 막대한 이익을 냈었다. 1994년에 소프트뱅크 주식회사의 주식을 상장해서 그 자금을 기반으로 M&A나 IT 관련 기업에의 투자를 적극적으로 추진하게 되었다. 1996년에 미국의 야후에 출자하고 합작으로

Yahoo! Japan을 설립했다가 Yahoo! Japan을 상장하면서 막대한 자금을 확보했다.

그러나 메모리 메이커인 킹스턴 테크놀로지Kingston Technology 인수를 비롯하여 게임뱅크 설립, 아사히朝日신문 출자, 도쿄전력과 마이크로소프트와의 무선고속인터넷 접속 합작사업 등 많은 사업을 시도하여 실패를 거듭했다. 손 회장은 굴복하지 않았다. 그는 쓰라린 실패의 경험을 살려서 도전을 되풀이했다. 1999년과 2000년에는 미국의 나스닥과 공동으로 'NASDAQ JAPAN'을 시작했다. 2000년에 경영파탄이 일어난 일본채권신용은행뒤의 아오조라 은행의 대주주가 되면서 한때 시가총액이 토요타 자동차 다음으로 크게 평가된 적도 있었다. 이 은행의 주식을 2003년에 매각하여 큰 이익을 내어 브로드밴드 사업의 운전자금으로 투입할 수 있었다. 여세를 몰아 2005년에는 후쿠오카 다이에이 호크스 야구팀을 200억 엔으로 매수했다. 이어서 2006년 4월에는 보다폰Vodafone 일본법인을 1조7,500억 엔으로 매수하여 이동통신사업에 참여하게 되었다. 2006년 5월에는 인터넷에 의한 통신교육인 사이버대학을 시작했다. 2006년 11월에는 세계 최대의 SNS 서비스인 "MY Space"의 운영회사와 합작하여 일본어 서비스를 시작했다. 2012년 10월 현재로 계약건수 3,900만 건으로 일본 제일의 이동통신사업 그룹으로 성장했다. 이어 2012년 10월에는 미국 3위의 이동통신회사 스프린트넥스텔Sprint Nextel의 주식 70%를 1조5,709억 엔으로 취득하여 자회사로 만들고 세계 3위의 이동통신

그룹이 되겠다는 야심찬 계획을 추진하고 있다. 손 회장은 이런 일을 활발하게 추진하면서 말했다.

"한국은 나의 스승이다. 적어도 IT 분야나 디지털 정보혁명에는 아주 많은 것을 한국으로부터 배웠다." 네트워크설계, 장비구매, 서비스 운용 등 여러 분야에서 한국의 많은 기업과 인력들이 그의 사업 준비와 출범에 도움을 주었다. 그렇게 하여 탄생을 한 것이 일본 최초의 초고속인터넷 사업이었던 Yahoo! Broadband Yahoo!BB라는 브랜드를 가진 광대역 인터넷 통신 서비스 Asymmetric Digital Subscriber Line: ADSL였다.

초고속인터넷 사업의 출범 초기에 손 회장은 1년 안에 1백만, 2년 안에 3백만, 3년 내로 5백만 가입자 유치라는 목표를 설정했다. 사업을 개시한 지 6개월째 되던 날 가입자의 숫자가 20만 명밖에 되지 않자, 손정의 회장은 장장 8시간 동안 실적이 그렇게 나온 이유와 대책에 대해서 직원들과 토의를 했다. 그렇게 마라톤 회의를 끝내고 손 회장은 비서에게 "앞으로 1년 동안 그 어떤 사람과도 골프 일정을 잡지마라. 그리고 내일부터 내 집무실은 Yahoo!BB 추진 사무실이 있는 4층의 회의실로 옮길 테니 그렇게 알고."라고 말했다. 골프를 즐기는 사람이 골프를 그만둘 만큼 집념에 찬 손 회장의 열성으로 Yahoo!BB는 사업개시 11개월 만에 백만 명의 가입자를 유치하고, 3년 만에 실제로 5백만 이상의 가입자가 Yahoo!BB에 모였다. 그리하여 사업 개시 4년 만에 회사는 장기간의 적자를 이겨내고 엄청난 규모의 흑자로 돌아섰다. 그는 여기에 만족하지 않았다. 2006년 봄, 당시 일본의 3위 이동통신 사업자였던 보다폰 저팬Vodafone K.K.을 인수하여 5년간 수익이 줄어들던 기업을 인수 첫해부터 증가세로 바꿨다. 이때에도 임직원을 상대로 장시간의 실적 보고회를 열면서 목표를 달성하지 못한 사람들이 스스로 그만둘 정도로 다그쳤다. 그 결과 2012년에 이동통신 상각전영업이익률Mobile EBITDA margin 50%를 달성하여 세계 정상에 올라 2위 China Mobile 48%, 3위 미국의 베라이즌Verizon 47%를 제쳤다. 그리하여 2003년과 4년의 적자에서 2005년에서 2012년까지 8기를 연속해서 최고수익을 갱신하여 일본 제1의 이동통신 업체 NTT 도코모의 8,372억 엔에 근접한 7,450억 엔의 영업이익을 낼 수 있었다.

과거에 소프트뱅크가 추진해 온 여러 번의 M&A가 실패한 것은 M&A 이후의 사업 통합을 제대로 하지 못한 데 있다고 생각한 손 회장은 이를 철저히 반성하여 그 지혜를 보다폰 인수 후의 사업 통합에 활용했다. 그때까지의 실패는 보다폰 인수를 위한 연습 게임이 된 셈이었다. 실패를 반복하면서도 성장하고자 하는 열정이 없었다면 아마도 소프트뱅크는 지금도 출판과 IT 유통이나 하고 있을 것이었다. 항상 머릿속에는 큰 꿈이 있어야 하고, 그것을 달성하기 위한 목표와 구체적이고 실천적인 계획이 있어야 한다고 손정의 회장은 거듭 강조하고 있다. 전술은 1~3년 정도 기간으로 설정하고, 전략은 5~10년 정도의 목표를 두고 수립해야 하며, 열정과 꿈은 적어도 50년에서 길게는 300년 정도 뻗쳐 나가려고 할 때 의미가 있다고 생각한 손 회장은 손자병법에서 따온 일본 전국시대의 영웅 다케다 신겐武田信玄의 사상 풍림화산風林火山을 생활신조로 삼아 일했다. 바람처럼 빠르고 숲처럼 고요하며 불처럼 타오르고 산처럼 요지부동해야 성공할 수 있다는 가르침이다.

손정의 회장은 자기자본보다는 은행차입, 주식발행이나 사채社債발행에 의한 자금조달로 막대한 회사자산을 만들어 나갔다.

"벤처기업이 위태로운 것은 당연하다. 느슨하게 경영하다가는 순식간에 망한다. 항상 사업환경을 살펴보면서 기회의 싹을 찾아야 한다. 기회가 있으면 재빠르게 사업화한다. 레이더로 탐색하지 않으면 순식간에 빼앗기는 게 업계다. 무조건 공격하기 전에 전체를 파악해야 한다. 어디서 세계 제일이 될 것인지 방향을 잡지 않으면 안 된다. 지혜로 승부하는 것이 중요하다. 21세기는 물질적인 풍요 이상으로 지적인 풍요를 구하는 시대이다. 지도자가 지녀야 할 세 가지 특성은 이념과 이를 성취하려는 의지, 비전, 전략이다. 실제 사업을 시작하기 전에 전체 구상의 9할은 되어 있어야 한다. "소프트뱅크는 넷NET 재벌이 될 것이다. 일본의 근대화는 재벌이 이루어 낸 것이다. 의지가 있어도 돈이 없을 때에 전문가를 고용해서 여러 가지 충고를 받아들여 대규모 M&A를 할 수 있게 되었다." 모두 손 회장의 명언이다.

손 회장은 은퇴하기 전에 5천여 개의 기업을 거느리게 될 것으로 생각한다. 그래서 이 5천여 개의 기업의 사장이나 간부를 기르기 위해 소프트뱅크 아카데미아_{SoftBank Academia}를 만들었다. 경영의 천재, 기업가를 양성하려면 MBA나 박사 학위 같은 경영기술보다는 리더십, 위기관리, 협상의 원리, 통찰력, 기업의 사회적 책임, 인간 중심 경영 등 다소 철학적인 주제들을 다루는 과정이 필요하다고 그는 믿고 있다.

2011년 11월 소프트뱅크의 데이터센터가 KT와 합작으로 KSDS_{kt-SB data service}를 설립하여 한국 김해시로 이전했다. 일본과 거리가 가깝고 일본보다 저렴한 전기료와 지진과 쓰나미 리스크가 적으면서 높은 ICT선진성을 지닌 한국을 활용하려는 의도였다. 동일본대지진과 후쿠시마福島 방사능 사고에 대한 부흥지원을 위해 사재 100억 엔을 기부하고 자신의 월급마저 재해지역의 어린이 지원에 기부하는 독지가 손 회장이야말로 M&A의 달인이자 국경을 초월한 경영인이라 생각한다.

08

실패하기 쉬운
M&A

M&A는 성공하기가 대단히 어렵다. 베인앤드캄퍼니Bain & Company가 6개 선진국의 M&A사례 700여 건을 조사한 결과 성공 사례는 30%밖에 안 된다고 했다. 「하버드비즈니스리뷰Harvard Business Review」에서도 기업 인수의 65%가 기업 가치를 높이기보다는 오히려 낮추고 말았다고 했다. 그러다 보니 실패한 사례 또한 한둘이 아니다. 대표적인 사례 몇만 들어 본다.

1991년에 설립한 후 약 20년간 국내 소프트웨어 업계의 맏형 노릇을 했던 핸디소프트HandySoft는 그룹웨어 및 기업지식포털BKP과 업무프로세스관리BPM 솔루션을 세계적으로 공급하고 있었다. 한때 세계적인 리서치 회사인 포레스터 리서치가 세계 정상급으로 평가했었는데, 6년간이나 미국 시장에서 활약하다가 6천만 달러를 투자한 끝에 손을 들게 되었다. 2009년 4월에 이 회사의 대주주 지분 29.9%가 오리엔탈리소스Oriental Resources에 120억 원에 넘어갔다. 그러나 이 인수 사례는 실패였다. 오리엔탈리소스의 정상을 벗어나는 경영 행위로 핸디소프트는 2011년 3월에 코스닥 상장을 폐지당했다가, 2011년 7월에 다산네트웍스에 75억 원에 다시 매각되었다. 미국 시장을 적극적으로 공략할 때에 필자는 사외 이사로 있었기 때문에 이 회사의 저력을 높이 평가했었는데, 정말 아까운 일이라고 생각하고 있다. 그나마 다시 태어난 핸디소프트가 다산네트웍스와 함께 착실하게 활동하고 있어서 다행한 일이다.

다른 또 하나의 실패 사례로 기억나는 것은 반도체의 빅딜이다. 1997년 12월에 대한민국이 외환위기를 겪으며 국제통화기금IMF에 자금지원을 요청하게 되었다. 기업의 지나친 차입과 중복투자로 이런 사태가 일어난 것으로 생각한 김대중 정부는 이를 해결하기 위해 몇 개의 대기업을 정부 주도로 합병하게 했다. 소위 빅딜Big Deal 정책이었다. 자동차, 석유화학과 함께 반도체도 그 대상이 되어 LG와 현대그룹의 반도체 회사의 M&A가 추진되었다. 당사자와 노동계의 반발 속에 정부가 금융제재를 내세우며 무리하게 추진한 이 M&A로 현대전자가 LG일렉트론의 주식을 1999년 7월에 인수하게 되었다. 그러나 현대전자가 인수한 반도체부문은 무리한 경영확장과 시장 악화로 적자가 누적되어 2001년 3월에는 최대규모의 금융지원을 받지 않을 수 없게 되어 하이닉스Hynix로 개명하고 현대그룹을 떠나게 되었다. 그 후

2012년 3월에 SK그룹에 인수되어 재출발하게 되었지만, LG 그룹의 손을 비틀어 반도체 부문을 현대그룹에 넘긴 사례는 한국 최악의 M&A사례로 생각된다.

1998년에 독일의 자동차 명문 다임러 벤츠Daimler-Benz가 400억 달러로 미국의 크라이슬러Chrysler를 인수 합병했다. 1886년에 창업한 후 1926년에 다임러 벤츠로 이름을 바꾼 독일의 메르세데스 벤츠Mercedes-Benz는 고급 승용차와 밴형 트럭과 버스로 알려졌고 크라이슬러는 미국 시장에 강하고 승용차와 트럭을 만들어 팔고 있어서 힘을 합하면 전 세계의 시장을 석권할 수 있을 것으로 생각했었다. 그런데 제대로 되지 않았다. 독일인의 서열을 중시하고 완고할 정도로 규칙을 지키는 문화와 미국인의 자유롭고 성과 중심적인 문화가 융합되지 않고 충돌했다.

결국, 합병은 실패하여 2008년에 크라이슬러를 분리해서 그 지분의 80.1%를 세르베루스 캐피털Cerberus Capital에 74억 달러에 매각한다. 독일과 미국의 문화 차이를 극복하지 못한 비극이었다. 다임러의 제체Dieter Zetsche회장은 크라이슬러와의 합병은 세계적인 자동차업계 통합 조류에 영합한 시도였으나 결국, 메르세데스 벤츠의 첨단 기술을 크라이슬러로 이전하면서 미국의 소비자가 이에 수반되는 원가를 감당하지 못한 것이 실패한 원인이라고 설명했다. 그만큼 미국의 소비자는 가격에 민감했다. 9년간의 투자에서 독일은 세계화의 한계성에 대한 학습을 한 셈이다.

한편, 2000년에 미국의 AOL이 콘텐츠 제작의 거인 타임워너를 1,640억 달러로 인수 합병했다. 이보다 먼저 1999년 9월 중국 상하이上海에서 열린 「포춘」지의 세계 포럼Fortune Global Forum에 중국을 비롯한 세계 각국의 지도자가 참석했다. GE의 웰치Jack Welch회장을 비롯한 미국을 대표하는 인물 가운데 타임워너의 레빈Geral Levin회장과 AOL의 케이스Steve Case회장이 있었다. 타임워너는 10년 전에 타임Time Inc.과 워너 통신Warner Communication을 합병해서 미디어 거인으로 성장했고, AOL은 몇 개월 전에 42억 달러로 넷스케이프Netscape를 인수한 닷컴dotcom시대의 스타였다. 두 사람은 세계 최대의 미디어 콘텐츠 회사와 인터넷 콘텐츠 배포 회사를 합병하여 21세기의 인터넷과 미디어 업계 제패를 꿈꾸었다.

AOL은 타임워너 케이블의 광대역 통신망을 써서 전 세계에 참신한 콘텐츠를 공급할 필요가 있었고, 타임워너 측에서는 보유하고 있는 콘텐츠를 디지털화하여 신규 온라인 시청자를 확보해야 했다. 그러나 이런 전략은 통하지 않았다. 최고경영진의 의도와는 달리 두 회사의 통합은 일어나지 못하고 사업부마다 따로 놀기 시작해서 합병에서 기대되었던 수익이 일어나지 않았다.

AOL의 피트먼 사장은 AOL의 촉매작용으로 타임워너가 인터넷 속도로 성장할 것으로 믿었다. 수천만의 AOL 가입자 가정에 타임워너의 고속도망을 이용해서 타임워너의 인기 있는 잡지, 서적, 음악과 영화 등의 콘텐츠를 보낼 수 있을 것이 분명하여 도합 1억 3천만 명의 예약이 예상되었다.

그런데 시기를 잘못 택한 것이 불운이었다. 닷컴 거품이 터진 데다가 2001년 9월 이후의 불황으로 광고와 가입자가 격감했다. AOL 부문의 성적이 당시 다른 인터넷 업자나 마찬가지로 급격히 악화되어 2002년에 990억 달러의 결손을 보자 2,260억 달러였던 AOL의 주식가치가 10분의 1 이하인 200억 달러로 폭락했다. 특히 AOL의 나쁜 성적으로 성과에 의한 보너스를 타지 못하게 된 타임 워너 측 임직원의 불만은 하늘을 찔렀다. 두 회사의 합병 당시 타임워너의 간부들은 AOL이 회사를 장악하려 든다고 생각해서 거부 반응을 일으켰다. 합병 성공의 열쇠는 두 회사의 서로 다른 문화를 융합할 수 있어야 하는데 그런 노력이 전혀 없었다. 타임워너에서는 콘텐츠가 왕이었다. 편집장이 사장보다 권한이 더 컸다. 그러다 보니 타임워너 사람들에게는 AOL은 돈과 시간의 낭비였다. 한편, AOL에서는 가입자를 확보하는 마케팅 능력이 우선이었지 콘텐츠는 중요하지 않았다. 그런데 AOL보다 나은 서비스를 제공하는 인터넷 업체가 속출하자 AOL 가입자가 이탈하기 시작했다. 업적이 악화되자 두 회사의 지도층은 서로 손가락질을 하기 시작했고 고위직의 사직이 잇따랐다. 마침내 2009년 5월 타임워너는 AOL을 독립 회사로 분리할 것을 발표했다. 사상 최대의 합병은 실패 사례로 기록되었다. 지금은 타임워너와 AOL은 각자의 길을 걷고 있다. 시대를 앞질러 가려는 최고 경영자의 꿈도 조직원 전체의 지지를 받지 못하면 실패하게 된다는 것을 극명하게 보여 준 사건이었다.

CEO에게 당부한다

　한국의 경제발전을 견인해 온 힘은 무엇일까? 6·25 한국전쟁으로 잿더미가 된 세계 최빈국에서 21세기 벽두부터 세계 10위권의 경제 강국으로 부상한 원동력은 무엇일까? 많은 사람이 물어온다. 1960년대부터 대한민국의 산업계에 종사해 온 경험을 통해 얻은 필자의 생각은 다음과 같다.

　우선 가장 큰 요인은 자유와 경쟁을 허용하는 사회환경에서 한국인의 능력이 착실하게 발휘될 수 있었다는 사실이다. 한국인은 지능과 감성이 대단히 높다. 배우기 쉽고 쓰기 쉬운 문자를 지금부터 570년 전인 1443년에 창제하여 모든 국민이 자기의 생각을 기록할 수 있게 만들었고, 그보다 70년 전인 고려 말에 금속활자를 써서 직지심체요절直指心體要節 같은 좋은 책을 펴낼 수 있었던 사람들이 한국인이다. 이는 실로 독일의 구텐베르크가 인쇄한

1450년의 성경책보다 80여 년이 앞서 있다. 결과적으로 모든 국민이 글을 읽을 수 있게 되어 문맹이 거의 없는 나라가 되었고 마침내 디지털 시대를 선도하였다. 이런 일들만 보더라도 한국인의 지능은 세계에서 정상급이다.

한국인의 감성 또한 어느 다른 민족보다 예민하다. 신 나고 흥겨운 가락에 맞추어 한국인은 노래도 잘 부르고 춤도 잘 추며, 그들이 그리는 그림이나 빚은 도자기와 영상은 세계의 명품이다. 가야금, 부채춤, 싸이 강남스타일, 김연아 피겨여왕 등 그 상징물을 열거하자면 지면이 부족할 지경이다.

이러한 타고난 능력과 기질을 가진 사람들이 적절한 지도자를 만나면서 세계 시장을 상대로 전 인류에 유익한 일을 해 나가게 되니 지금과 같은 지위에 오른 것은 당연한 일이다. 그래서 세계적인 기업을 만들려는 CEO에게는 이 두 가지 지능과 감성을 지닌 인재들을 꾸준히 육성하는 일에 무엇보다도 정성을 기울여 달라고 부탁하고 싶다.

한편, 이런 높은 지능과 풍부한 감성을 지닌 사람들을 이끌어 나갈 지도자는 우선 미래를 내다볼 줄 아는 형안Insight이 있어야 하고 참신한 비전Vision을 제시하면서 함께 일할 사람들의 뜻을 하나로Consensus 모을 수 있어야 한다. 그러면서도 경우에 따라서는

누구보다도 빠르게 행동할 수 있는 민첩성Speed도 발휘해야만 무
서운 생존 경쟁에서 이길 수 있다. 결코, 사람들의 합의를 얻기 위
해 속도를 희생하는 일이 있어서는 안 된다. 그래서 다음과 같은
함수를 만들어 보았다. 경영에 참고하기 바란다.

$$K = \sum(C+S)LPQ$$

K: 한국식 신 나는 경영Korean Exciting Management
C: 사람들의 뜻을 모음Consensus
S: 민첩성, 속도Speed, Velocity
L: 뛰어난 지도력Leadership
P: 함께 일하는 사람People
Q: 품질보증Quality Assurance과 고객만족Customer Satisfaction

신 나는 경영을 하려는 CEO들에게 함께 일할 사람들을 애정
으로 대하면서 참신하면서도 효과가 클 과업을 이루어 나갈 것을
부탁하면서 이 글을 마무리한다.

신 나는 경영

초판 1쇄 발행일 2014년 1월 8일

지은이 김영태
펴낸이 박영희
편집 배정옥 · 유태선
디자인 김미령 · 박희경
인쇄 · 제본 에이피프린팅
펴낸곳 도서출판 어문학사
    서울특별시 도봉구 쌍문동 523-21 나너울 카운티 1층
    대표전화: 02-998-0094 / 편집부1: 02-998-2267, 편집부2: 02-998-2269
    홈페이지: www.amhbook.com
    트위터: @with_amhbook
    블로그: 네이버 http://blog.naver.com/amhbook
    다음 http://blog.daum.net/amhbook
    e-mail: am@amhbook.com
    등록: 2004년 4월 6일 제7-276호

ISBN 978-89-6184-322-5 03320
정가 13,000원

이 도서의 국립중앙도서관 출판시도서목록(CIP)은 e-CIP홈페이지(http://www.nl.go.kr/ecip)와
국가자료공동목록시스템(http://www.nl.go.kr/kolisnet)에서 이용하실 수 있습니다.
(CIP제어번호: CIP2013027117)